Weiterhin viel Spaß
mit Nylo + Peaches
und ihrem netten
Scheuermann-Rudel
Herzlichst
Petra Joem

Mensch – Hund!
Was soll denn das?

Von der Kunst richtig miteinander zu kommunizieren.

von Petra Assmann

© Copyright Mai 2011, Petra Assmann, 1. Auflage

Alle Rechte bei mir; jede Verwertung des Gedankengutes und der Abbildungen außerhalb der Grenzen des Urheberrechtsgesetztes ist strafbar. Dies gilt insbesondere für Übersetzung, Kopie, Nachdruck, Mikroverfilmung oder Vergleichbare Verfahren sowie für die Speicherung in Datenverarbeitungsanlagen. Vervielfältigungen (auch auszugsweise) sind nur nach Absprache erlaubt. Dem Autor sind Veröffentlichungen und sonstige Verwertungen zur Genehmigung vorzulegen.

Gestaltung, Satz, Fotos und Illustrationen: Petra Assmann
Titelbild: Biene und Dagmar
Druck: winterwork, Borsdorf

Printed in Germany

ISBN 978-3-00-034720-7

Danke Biene.
Für alles.

> *Ein ganz alltäglicher Spaziergang*

Der PKW-Kombi biegt langsam auf den leeren Parkplatz ein und hält. Der Mann am Steuer beugt sich zu seiner Begleiterin herüber, gibt ihr einen sanften Kuss auf die Wange. „Wie schön, dass wir heute mal Zeit für uns haben. Schau mal, wie beeindruckend die Landschaft vor uns liegt." Sein Blick schweift über die Wiesen und Felder, die sich weitläufig vor ihren Augen ausbreiten. Bis hin zu den Pappeln, hinter denen der Rhein in seinem Bett ruht. „Ja", antwortet sie, „es ist wunderschön heute. Und so wie es aussieht, sind wir heute die einzigen Spaziergänger hier. Herrlich."

Raus! Raus! Raus!
Ein herzzerreißendes Gebell bricht los im Kofferraum des Kombis.
Auf! Auf! Auf! Das dauert ja ewig. Denkt der Hund.
Die beiden Menschen auf den vorderen Sitzen zucken heftig zusammen. „Mensch Benno, du kannst einem aber auch einen Schreck einjagen. Bell' doch nicht so laut. Ist ja gut, es geht ja los. Mach' dich locker, Großer." Herr M. hat sich seinem Hund zugewandt, schmunzelt. Dann löst er den Sicherheitsgurt und steigt aus. Die beiden Menschen finden sich am Kofferraum des Kombis ein, um den aufgeregten Hund endlich in Freizeit-Freiheit zu entlassen. Der Hund trippelt im Kofferraum super aufgeregt hin und her. Die Gedanken in seinem Kopf kreisen nur um eines:
Raus hier. Seid ihr bald fertig? Wird's bald?
Frau M. hat die Hand am Kofferraumdeckel des Kombis, hört ihn lautstark bellen und versucht ihren Hund zu beruhigen. „Ist gut, Benno. Sitz. BENNO! Mach doch langsam. SITZ! hab ich gesagt."
Raus. Raus. Raus. Mach schon. Na los! Mach den blöden Deckel auf.

Der Hund wedelt aufgeregt, trippelt von links nach rechts, seine Nase saust am Spalt des kaum geöffneten Kofferraumdeckels hin und her.
„Benno, hör auf zu bellen. Hey. Benno. Sitz. Prima Sitz. Langsam. Zuerst die Leine." Benno setzt sich, springt wieder auf, schaut sie durch die Scheibe an, die Stirn in Falten gelegt, große Kulleraugen.
Bitte Schätzchen. Mach' hinne.
Benno zappelt erneut vor Aufregung, setzt sich, springt wieder auf, trippelt weiter hin und her.
Ich will hier raus. Sofort.
Die Frau öffnet den Deckel. „Langsam Benno. So ist's..."
Wie eine Rakete schießt der Hund an ihr vorbei aus dem Auto.
Jippiih!

Herr M. steht daneben, schaut seinem Hund hinterher und dann mit hochgezogenen Augenbrauen auf seine rechte Hand, in der er die Hundeleine hält. Er blickt zu seiner Frau. „Du hattest doch Sitz gesagt, oder?"
„Ja, ich, weiß, Schatz. Aber Benno war wieder mal schneller. Eigentlich weiß er genau, was ich will." Sie zieht die Hundedecke im Kofferraum glatt, zupft etwas Herbstlaub ab und platziert Bennos Kuscheltier wieder oben auf die Decke.
„Komm, sei kein Spielverderber. Er freut sich doch nur so sehr, weil er heute mit uns beiden zusammen einen Ausflug machen kann. Sieh nur, wie schön er es hier findet." Sie dreht sich um und schaut nach ihrem Hund.
„Aber er sollte doch lieber an der Leine laufen, so bockig wie er manchmal ist, findest du nicht?", gibt Herr M. zu Bedenken.
„Ach, ist doch egal. Es ist ja heute offensichtlich kein Anderer da. Wie schön", erwidert seine Frau, nachdem sie kurz

über den leeren Parkplatz geschaut hat und schließt das Auto.
„Wie du willst. Ich will mich nicht mit dir streiten." Herr M. hebt beide Hände in die Höhe, schüttelt den Kopf und lächelt. „Ich hab' da ja auch kein Problem mit ihm", sagt er während er seinen Mantelkragen hochstellt.
„Bei mir hört er ja." Er hängt sich die Hundeleine um den Hals und beide laufen los. Frau M. wirft ihrem Mann einen Seitenblick zu, sagt aber nichts.

Benno hastet in der Zwischenzeit auf dem Parkplatz von links nach rechts, um alle Duftspuren zu kontrollieren, die sich auf dem Gelände seit seinem letzten Besuch eingefunden haben. Eilig werden die wichtigen Gerüche erfasst, schnell das eigene Geschäft verrichten, alles markieren, was ihm wichtig erscheint und dabei ja nichts verpassen.
Diese Düfte, ah, die Düfte. Der Dingsda, der Dings war hier? Ich fass es nicht. Dieser große, schwarze Angeber. Dem zeig ich aber, wem hier was gehört!
Benno hebt das Hinterbein an einem Baum. Hoch, höher, so dass er fast ins Wanken gerät, und markiert den Stamm. Dann eilt er nach hier und da und dort. Ab und zu scharrt er nach dem Markieren mit den Hinterläufen.
Und dann auch noch der schwarz-weiße Typ. Der mit dem langen Fell. Bei dem ich mir nie sicher bin, ob der Ohren hat oder nicht. Ich weiß nie, was in dem vorgeht, so zugewachsen, wie der ist. Und dann macht der Typ sich immer an Lina ran, wenn wir uns treffen. Der Angeber.
Er dreht sich in buckliger Haltung einmal um die eigene Achse, schafft es in dieser Haltung zwei Schritte rückwärts zu laufen, schiebt sein Hinterteil dabei über einen alten Kilometerstein und setzt seinen Haufen schön oben drauf. Danach scharrt er mit den Hinterläufen vor dem Kilometerstein herum auf, Erde und Laub fliegen im hohen Bogen

durch die Gegend.
Dieser blöde Hund, der hat hier gar nichts zu suchen. Hinterlässt einfach seine Duftmarke. Meine liegt jetzt aber höher und riecht viel weiter. Der soll sich ja nicht noch mal hierher trauen. Alles meins. Das sollen ruhig alle wissen.
Und schon schnüffelt er weiter, als hätte er es eilig. Seine Begleiter hat er ganz vergessen.
Ach guck an, der große Blonde war heute auch schon hier. Scheint ein netter Kerl zu sein. Dem setzt' ich mal meinen persönlichen Duftgruß ins Gras. Vielleicht trifft man sich ja mal näher zum kennenlernen. Dann weiß er bis dahin schon mal, wie ich rieche.
Benno riecht noch ein bisschen, wedelt, markiert die Stelle aber nicht direkt, sondern geht in lässigem Gang einige Schritte weiter, um in lockerer Haltung mit nur leicht gehobenem Hinterbein etwas Urin abzusetzen.und schnuppert weiter.
Ohoh, wen haben wir denn da? Die süße Lina ist auch unterwegs. Das Leckerchen auf vier Beinen. Und hier das riecht doch nach, warte mal......

Herr und Frau M. lachen gemeinsam über ihren hektisch agierenden Hund. Sie haben sich an den Händen genommen, den einsamen Weg hinein in die schöne Landschaft eingeschlagen und genießen den warmen Herbstnachmittag. Weit zurück gefallen kommt ihr Hund alsbald von hinten angerannt, drängelt sich an seinen Leuten vorbei und wirft seinem Herrn einen Stock vor die Füße.
Aus dem Weg da, hopp, hopp. Auf geht's. Spielen.
Äi - Herrchen, wollen wir spielen, bitte?
Herr M., der gerade in die Unterhaltung mit seiner Frau vertieft ist, übersieht diese Geste und läuft einfach an Hund und Stock vorbei. Benno hebt den Stock auf, überholt wieder seine Menschen, wobei er seinen Herrn im Vorbeilaufen

kräftig anrempelt, um ihm anschließend den Stock vor die Füße zu schmeißen. Rückwärts hopsend, springt er vor seinen Menschen hin und her und strahlt sie an. Benno wedelt, lacht, den Vorderkörper tief verbeugend hofft er, dass sie ihm den Stock werfen.
Los mach schon.
Herr M. hebt den Stock auf und schleudert ihn wortlos in die nahe gelegene Wiese. Danach wendet er sich wieder seiner Frau zu.
Danke Kumpel.
Benno schaut kurz zu seinem Herrn hoch.
Darf ich den Stock jetzt haben?

Aber Herr M. redet mit seiner Frau und beachtet Benno nicht. Benno überlegt kurz und entscheidet dann selbst. Er saust los, kreuz und quer schnüffelnd durchs hohe Gras, bis er seine Beute gefunden hat und den Stock stolz erhobenen Hauptes zu seinen Menschen zurück trägt. Abermals wirft er seinen Menschen den Stock vor die Füße.
Noch mal. Noch mal.
Er verstellt ihnen den Spazierweg, beginnt lautstark zu bellen, während er wild mit dem Schwanz und dem ganzen Hinterteil wedelt.
Bitte, bitte, bitte.
"Ach Benno. Warum bellst du denn jetzt so? Muss das sein? Wir unterhalten uns gerade. Geh doch schnüffeln. Dafür sind wir doch extra hierher gefahren, Bubi.", sagt Frau M. während sie den Stock aufhebt und ihn ohne ein weiteres Wort wieder in das hohe Gras der Wiese wirft.
Danke Süße, Suupii.
Benno fragt nicht mehr, ob er den Stock haben darf, sondern nimmt sofort rasant seine Stocksuche auf und Frau M. wendet sich wieder ihrem Mann zu. Benno hat den Stock mittlerweile gefunden.

Schaut mal! Ich bin gut. Ich bin sogar super gut, oder?
Stolz präsentiert er ihnen seine Beute. Er strahlt seine Menschen mit leuchtenden Augen an, während er - das Objekt der Begierde im Maul haltend - vor ihnen hin und her stolziert. Er lässt den Stock vor ihre Füße fallen und beginnt zu bellen.
Los jetzt. Aufheben. Werfen. Sofort.
Sein Bellen ist laut und druckvoll.
„Mensch Benno, ist ja gut. Brüll doch nicht so. Ich mach ja schon." Herr M. hebt den Stock auf und schleudert ihn wortlos weg.
Braves Herrchen.
„Such, Benno", ruft Herr M. seinem Hund hinterher, der schon längst davon gesaust ist.
„So ein unverschämter Hund. Der wartet nicht mal, bis ich ihm die Suche erlaube." Herr M. grinst und schüttelt den Kopf.
„Ach Schatz", beruhigt Frau M. ihren Mann, „du weißt doch wie gerne er Stöcke jagt."
Benno hat unterdessen recht schnell die Stockverfolgung aufgegeben. In einem großen Bogen ist er durch die Wiese gelaufen, um sich wieder direkt vor seinen Menschen auf den Weg zu stellen. Herr und Frau M. sind aber gerade mitten in ihrer Unterhaltung, so dass sie Benno gar nicht wahrnehmen. Sie laufen einfach weiter, an ihm vorbei und unterhalten sich angeregt. Benno schaut ihnen nach, überholt sie und hüpft noch mal auffordernd vor ihnen auf dem Weg hin und her.
Ihr kommt hier nicht durch, hier nicht, wetten?
Seine Menschen, total ins Gespräch vertieft, bleiben stehen und warten kommentarlos bis der Hund den Weg wieder frei gibt. Dann setzen sie gemütlich ihren Spaziergang fort.
Na bitte, sag' ich doch.
Benno schaut ihnen nach.

Ich bring euch schon noch bei, wer hier das sagen hat. Wartet's nur ab.

Er markiert ein Gebüsch am Wegesrand, scharrt kräftig mit den Hinterläufen, dass die Erdbrocken nur so fliegen. Dann setzt auch er seinen Weg fort. Er schnüffelt hier und da, frisst gelegentlich ein paar herumliegende Hasenköttel oder andere Hinterlassenschaften.
„Benno"
Hä?
„Benno? Wo bleibst du denn? Kohomm!"
Gleiheich.
Der Mann hält nach seinem Hund Ausschau, der nun mittlerweile fast 100 m hinter seinen Menschen zurück geblieben ist und intensiv den Wegrand abschnüffelt.
„Benno, jetzt KOMM halt." Die Stimme seines Herrn klingt unfreundlich. Benno hebt den Kopf und stellt ihn schief, als würde er auf etwas warten. *Was'n?*
„HIERHER hab ich gesagt!."
Benno stutzt.
Ach was! Hab ich was verpasst? Bist du sauer?
Er legt die Ohren an und trabt auf seine Menschen zu, den Kopf gesenkt.
„Na? Jetzt haste wohl ein schlechtes Gewissen, was?" lacht Herr M.
Wieso klingst du so aggressiv?
Benno schaut zu ihm hoch und leckt sich über die Lefzen.
T'schuldigung, aber ich weiß grad nicht, was los ist.
Doch der Mann hat sich schon wieder seiner Frau zugewandt und lässt Benno einfach stehen.
Dann halt nicht.
Benno trabt an ihm vorbei und Herr M. ruft ihm nach:
„Braver Benno so ist's fein. Braver Hund."
Hä? Wieso??? ----- Egal.

Liebe Leser/innen

Na? Kommt Ihnen die eine oder andere Situation nicht irgendwie bekannt vor? Erkennen Sie sich oder Ihren Hund ab und zu wieder? Denken Sie, nachdem Sie die ersten Seiten gelesen haben: „Ja, klar! So oder ähnlich geht es bei uns auch manchmal zu. Aber, wie soll ich etwas ändern? Wo sind die Lösungen, die Antworten auf meine Fragen?"
Dann ist dies genau das richtige Buch für Sie! Denn alles, was in der Geschichte dieses alltäglichen Spazierganges geschildert wird bzw. warum es schief geht, wird Ihnen auf den nachfolgenden Seiten ausführlich erklärt. Viele Lösungsansätze für Ihre Fragen finden sich auch schon in der Geschichte selbst. Durch das anschließende Beantworten der wichtigsten Fragen, gespickt mit Hinweisen zu hündischem Verhalten in den folgenden Kapiteln, werde ich Ihnen erläutern, was Sie im Umgang mit Ihrem Hund wissen sollten, ändern können oder sogar ändern müssen, um Missverständnisse oder Fehlverhalten auszuräumen oder vorzubeugen. Wenn Sie alles aufmerksam und mit Einfühlungsvermögen gelesen haben, werden Sie ein besseres Verständnis für das Verhalten, die Reaktionen, die Aktionen und die vermeintlichen Fehler Ihres Hundes bekommen und alles zu einem Besseren bewenden können. Dabei ist es auch völlig unerheblich, wie jung oder alt bzw. welche Rasse oder Mischung Ihr Hund ist.
Sie werden aber auch erfahren, wie groß leider unser Anteil an Missverständnissen, Frustrationen, Konflikten und Problemen ist. Nicht, weil Mensch es so gewollt hätte, sondern nur, weil er/sie es meist nicht besser gewusst hat oder schlicht zu gut gemeint hat. Erschwerend in der Mensch-Hund-Beziehung kommt hinzu, dass Menschen sich zu oft von ihren eigenen Gefühlen leiten lassen, und die Empathie

– die Fähigkeit sich in andere hineinzufühlen - dabei zu kurz kommt. Aber es ist nie zu spät eine neue Sprache zu lernen – die Sprache der Hunde.

Lesen Sie daher die Geschichte und die nachfolgenden Kapitel sehr intensiv und achten Sie auf die Körpersprache, Gedanken und Worte von allen Beteiligten. So werden all' Ihre Fragen beantwortet. Ich gebe zu, es ist keine leichte Kost, da es sehr viel Einfühlungsvermögen und auch Fantasie erfordert. Aber, wenn Sie bereit sind, sich richtig intensiv in dieses Thema einzulesen und es wie einen Film vor Ihrem geistigen Auge ablaufen zulassen, werden Sie erstaunt sein, wie viel Sie aus diesem Buch lernen können. Sie werden begeistert sein. Und Ihr Hund auch!

> Gemeinsam oder Einsam?

Die Nachmittagssonne wirft ihr romantisches Licht auf die weitläufigen Wiesen der Rheinauen. Alte Eichen und schon recht morsche Pappeln bewegen ihre Äste kaum. Sie stehen links und rechts der alten Feld- oder Postwege, wie Zeitzeugen einer längst vergangenen Epoche. Man hört das Zwitschern der Vögel. Ab und zu hört man das dumpfe Motorengeräusch der Rheinschiffe. Friedlich, fast wie in Zeitlupe, wiegen sich die Gräser der Auen gelegentlich im sanften Wind. Es ist, als ob die Zeit stehen geblieben wäre.

„Man kann sich richtig vorstellen, wie vor zweihundert Jahren hier noch Kutschen fuhren, Picknickgesellschaften abgehalten wurden, die Herrschaften zu Pferd oder zu Fuß lustwandelten. Die Herren im feinen Ausgehzwirn, die Damen in bodenlangen Kleidern, behütet durch zarte, rüschenverzierte Sonnenschirmchen. Wie Kinder lachten und im unschuldigen Spiel durch die blühenden Wiesen liefen, begleitet von kleinen Gesellschaftshunden oder Jagdhunden." flüstert der Mann seiner Begleiterin zu, um deren Schultern er nun seinen Arm gelegt hat.
„Ja, es sieht ungeheuer romantisch aus, in diesem Licht.", antwortet sie und beide bleiben stehen, genießen die Ruhe und die Natur.
Plötzlich springt der Hund, der mittlerweile wieder hinter seinen Menschen zurück geblieben ist, seinen Herrn unvermittelt von hinten an.
Hey du Pappnase, wir wollten doch toben. Jetzt mach endlich! Wird's bald!
Er schnappt nach dem Mantelärmel.
„Mensch – Benno! Hör doch auf damit!" Der Mann wehrt ihn mit der Hand ab, Benno zieht den Kopf ein und saust davon.

Dann eben nicht.
Er trottet alleine weiter. Erst etwas langsamer und mit hängender Rute.
Menno, voll öde.
Aber nach und nach nimmt sein Interesse an der Natur wieder zu. Er läuft wieder schneller. Links und rechts des Weges schnüffelt er alles ab, was für ihn von Interesse ist. Aufgeregt wedelnd folgt er den Gerüchen der Tiere, die hier überall ihre Duftspuren hinterlassen haben. Mal saust er an seinen Menschen vorbei und ihnen voraus, als hätte er es eilig oder würde sie gar nicht kennen, mal fällt er ein paar Meter zurück, um sich intensiv mit einer hochinteressanten Duftspur zu befassen. Ab und zu markiert er eine wichtige Stelle, um diese zu seinem persönlichen Besitz zu erklären. Manchmal schaut er seinen Herrn an, ob dieser eventuell auch Ansprüche geltend machen möchte. Aber der macht keine Anstalten.
Traust dich wohl nicht, was?
„Schau dir den Hund an. So viel kann man doch gar nicht pinkeln müssen.", lacht Herr M. und nimmt den Gesprächsfaden mit seiner Frau wieder auf. Benno trabt immer noch auf dem Weg in der Nähe seiner Menschen. Immer wieder nimmt er Kontakt zu seinen Begleitern auf, in dem er sie im Vorbeilaufen anstupst oder ihnen kleine Äste vor die Füße wirft. Sie bemerken es nicht, da sie ins Gespräch vertieft sind. Er schaut kurz zu ihnen hoch, aber sie nehmen ihn nicht wahr.
Mann, seid ihr langweilig.
So nimmt er den Faden der Geruchskontrolle wieder auf und vergisst dadurch fast völlig seine Menschen.

„Benno!" hört er seinen Namen von irgendwoher, ganz weit weg und dreht ein Ohr in die Richtung, aus der die Stimme seines Frauchens kommt.

Was'n?
„BENNO!"
Moment.
„Bennolein?"
Ja, Schatz?
„Benno, wir wollen hier abbiegen. Kommst du?"
Beide Ohren nach hinten gerichtet, rührt sich Benno nicht von der Stelle.
Sofort Süße. Gleiheich. Warte mal. Hier, Moment, ja genau hier, muss ich nur noch schnell diese Stelle kontrollieren, dann komm ich.
Benno hat seine Nase vom Boden gelöst und an der interessanten Stelle kurz das Bein gehoben, schaut sich nach seinem Frauchen um. Freudig setzt er zu einer wilden Aufholjagd an.
Süße, ich komme, ich fliege. Bin fertig und hab' eh grad nichts anderes vor.
„Sag mal, Benno. Kannst du nicht hören, wenn man mit dir spricht?" Benno macht große unschuldige Augen und setzt sich frontal vor sein Frauchen in Position.
"So ist's fein, Benno, prima."
Ja, ich kann super sitzen, stimmts? Und ich bin ja auch gerne bei dir. Mmmhh, lecker.
Er blinzelt sie an und wedelt. Die Frau lächelt ihren Hund an, reicht ihm einen kleinen Futterbrocken, den dieser sehr schnell wegschnappt. Noch bevor sie ihn mit der Hand am Kopf tätscheln kann, läuft er von ihr weg.
Hey Mensch! Finger weg.
Die Frau zieht ihre Hand zurück, steckt sie in die Manteltasche und wendet sich wieder ihrem Mann zu. „Jetzt wollte ich ihn loben und nicht mal dafür hat er Zeit." Frau M. schaut ihrem Hund etwas enttäuscht hinter. „Fürs Leckerlie geben bin ich dir wohl gut genug? Du undankbarer Hund."

„Mach' dir nichts draus, mein Liebes." Herr M. streichelt seiner Frau liebevoll die Wange. „Hunde sind halt so. Und Benno macht sowieso am liebsten das, was er will. Ehrlich gesagt, ich hab' die Hoffnung schon fast aufgegeben, dass der mal richtig hört."
„Ach Schatz, du bist zu streng. Eigentlich ist er doch ganz lieb. Er ist eben noch jung. Der wird schon noch vernünftiger."

Benno ist zwischenzeitlich ein paar Meter entfernt von seinen Menschen am Wegrand stehen geblieben, hat sich gesetzt und kratzt sich kräftig an Hals und Ohr, wobei er sein Frauchen nicht aus den Augen lässt.
Wenn ich nur wüsste, was ich falsch gemacht habe, dass sie glaubt mich maßregeln zu müssen. Immer das gleiche. Erst klingt sie ganz nett, dann geh ich auch gerne hin und dann das – puh. Überfall von oben.
Benno steht auf und schüttelt sich kräftig.
Pah, Menschen sind unberechenbar.

Unberechenbar?

Niemand möchte, wenn er ehrlich ist, unberechenbar für seinen Hund sein. Und trotzdem kommt es leider häufiger vor, als manch einer glaubt.

Sie haben durch die verschiedenen hier geschilderten Situationen die Möglichkeit alle Beteiligten beobachten und „hören" zu können. So werden Sie auf viele kleine und große Fehler/Missverständnisse, die im täglichen Umgang mit Hunden passieren können, aufmerksam werden. Und so können Sie, wenn Sie wollen, auch das Zusammenleben mit Ihrem eigenen Hund anders gestalten und verbessern.

Wie man eigene Fehler vermeidet und zu einem echten übergeordneten, verlässlichen Freund für seinen Hund wird möchte ich mit diesem Buch gerne vermitteln. Interessierten oder Ratlosen eine etwas andere, verständliche und humorvolle Anleitung zu geben, um Menschen und Hunde in ihrem Verhalten miteinander und als getrennte Arten (Spezies) künftig besser verstehen zu können, ist Bestandteil meines täglichen Trainings mit Hundebesitzern. Daraus entstand auch die Idee zu diesem Buch. Mag sein, dass es dem einen oder anderen zu vermenschlicht vorkommt.
Wahr ist aber, dass durch diese Art der Situationsschilderungen ein viel besseres Verständnis füreinander geschaffen werden kann.
Ich möchte Ihnen dabei helfen, herauszufinden, wie Sie Fehler vermeiden und Unstimmigkeiten klären können.
Was Sie an Ihrem eigenen Verhalten, an Stimme, Mimik und Timing ändern müssen, um für ihren Hund deutlicher und akzeptabel zu sein. Beobachten und überdenken Sie, nachdem Sie alles gelesen haben, das Zusammenleben mit Ihrem Hund oder Ihren Hunden.

Sind Ihr eigenes Verhalten, Ihre Erwartungshaltung, Ihre „Kommandos", Ihr Umgang mit Ihrem Hund für ihn wirklich verständlich oder nicht? Beobachten Sie zukünftig nicht nur Ihren Hund und was er eventuell alles" falsch" macht, sondern besonders sich selbst. Wie viel Anteil haben Sie an den Unstimmigkeiten? Wie gut und geduldig sind Sie darin, ihm Neues beizubringen? Wie konsequent sind Sie? Ist Ihr Timing beim Lernen, Loben oder Korrigieren korrekt, für ihn verständlich? Reden Sie eventuell zu viel? Benutzen Sie zu viele Worte für die gleiche Sache? Glauben Sie sind ein guter „Lehrer"? Denken Sie mal ganz in Ruhe darüber nach, es lohnt sich.

Sehr interessant ist es auch herauszufinden, wieweit Sie Ihrem Hund freie Entscheidungen bzw. wie viele Privilegien Sie ihm gönnen können oder eben nicht.
Dies können Sie alles selber herausfinden. Ob er Ihre Nachgiebigkeit ausnutzt, es als Schwäche interpretiert und somit gegen Sie verwendet, oder ob er Ihre Nachgiebigkeit einfach nur genießt und trotzdem folgt, weil er Sie dennoch respektiert. Jeder Hund ist anders, individuell und einzigartig. Alles ist möglich.

> *Der will doch nur spielen*

Die schöne Aussicht in die herbstliche Landschaft, die sich beiden Menschen bietet, tröstet sie über ihre Enttäuschung bezüglich ihres etwas undankbaren Hundes hinweg. Sie steuern auf eine Wegkreuzung zu, um dann den Weg einzuschlagen, den ihr Hund gewählt hat. Plötzlich saust Benno los. „Schau mal, da kommt Frau Schmitt mit Lina." Frau M. winkt ihrer Gassi-Bekannten freundlich zu.
„Benno" Herr M. schaut seinen Hund an und dann zu Lina.
Ja, klar. Ich hab sie auch schon gesehen.
„Benno?"
Und tschüß.
„Aber..."
Benno spurtet im gestreckten Galopp auf die Frau und ihre Hündin zu. Herr und Frau M. folgen Hand in Hand kopfschüttelnd aber grinsend ihrem Hund.

„Lina, warte." Die Hündin schaut zu ihrer Besitzerin und bleibt stehen. Das Tempo von Benno verunsichert sie etwas. Was hat er vor? Wie soll sie reagieren? Darf sie?
„Na lauf Lina. Alles o.k. Geh spielen." Frau Schmitt hat ihre Hündin angeschaut und mit einer Geste Richtung Benno gedeutet.
O.k. Danke.
Benno hat Lina mittlerweile erreicht, hopst und dopst schlaksig um sie herum. Dann wird er etwas ruhiger und sie nähern sich an, riechen kurz an den Genitalien des jeweils anderen, wobei sie sich locker umkreisen. Sie beschnuppern sich gegenseitig kurz an der Schnauze und stupsen sich zart mit der Nase an. Plötzlich steigt Benno an Lisas Schulter hoch, versucht sie mit den Vorderläufen zu umklammern. Sie kann sich losreißen und eine wilde Toberei

beginnt. Nun sind auch Herr und Frau M. bei Frau Schmitt angelangt.

„Benno hat euch sofort gesehen und ist losgesaust. Er freut sich immer so, wenn er Hunde zum Spielen trifft." Die Personen begrüßen sich mit Händeschütteln. Frau M. redet, Herr M. sagt nichts, nickt Frau Schmitt wortlos zu.
Sie stehen eine Weile beieinander und beobachten die Hunde. Frau M. wendet sich dann direkt an Frau Schmitt und schwärmt vom herrlichen Wetter, der wunderschönen Landschaft und dem großartigen Erholungsfaktor eines herbstlichen Spazierganges mit Hund.
Die Hunde rennen gemeinsam über die große Wiese.
Herr M. hat sich in der Zwischenzeit etwas abseits gestellt und liest eine anscheinend wichtige SMS, die er gerade auf seinem Handy empfangen hat. Nach einiger Zeit beginnt er damit, die Nachricht zu beantworten.

Frau Schmitt nickt höflich zu den Worten von Frau M., lässt aber die beiden Hunde kaum aus den Augen. Die Hunde rennen um die Wette.
„Ach, wie schön. Die pure Lebensfreude." verträumt schaut Frau M. den Hunden zu. Dann dreht sie sich nach ihrem Mann um, der noch immer in sein Handy tippt, zieht die Augenbrauen fragend hoch, überlegt einen Moment und spricht ihn dann an.
„Schatz?"
Herr M. hebt Kopf unmerklich in ihre Richtung, ohne das Tippen zu unterbrechen.
„Schahatz?"
Herr M. hebt die Augenbrauen und neigt den Kopf schräg, in Richtung seiner Frau, tippt aber weiter.
„SCHATZ!"
„Ja. Bitte, Liebes. Was ist denn?"

Herr M. hat die anscheinend wichtige Nachricht abgeschickt, schnell das Handy zugeklappt, in der Innentasche seines Mantels verstaut und bewegt sich nun wieder in ihre Richtung. Der scharfe Unterton ist ihm nicht entgangen.

„SCHATZ. Ich rede mit dir. Kannst du nicht einmal zuhören, wenn ich mit dir spreche?" Frau M. spricht leise und zischend. Lächelt ihn dabei zwar an, aber das Lächeln erreicht nicht ihre Augen. Ihr Blick ist fest auf seine Augen gerichtet.
„Hast du mit mir geredet. Liebes? Hab ich gar nicht mitgekriegt. Tut mir leid, entschuldige. Was hast du denn gesagt?" Herr M. lächelt seine Frau an, zwinkert mit den Augenlidern. Er stellt sich ganz dicht neben seine Frau und will den Arm um ihre Schultern legen. Aber sie weicht ihm aus. „Musst du ausgerechnet heute arbeiten? Du hattest versprochen, das blöde Handy zu Hause zu lassen."
„Ich weiß, tut mir leid. Aber es war wirklich wichtig. Komm, sei doch nicht so." Herr M. lacht seine Frau an und versucht mit einer lässigen Geste ihren flotten Kurzhaarschnitt durcheinander zu bringen, um sie aufzumuntern.
"Spinnst du? Hör auf damit, Mensch." zischt sie ihn unfreundlich an und zieht sofort den Kopf weg.
„Du weißt genau, dass ich das nicht leiden kann. Das wirkt total überheblich." Sie schaut ihn entrüstet an.
„Ach Liebes, tut mir leid. Ich wollte dich doch nur zum Lachen bringen. Ich find' das lustig." Herr M. beugt sich zu ihr und haucht ihr einen sanften Kuss auf die Wange.
Sie wirft einen Blick auf Linas Frauchen und seufzt.
„Ist ja auch egal. Aber Schatz, schau doch mal. Sind die nicht süß, die beiden?"

Frau Schmitt scheint nichts von der Szene mitbekommen zu haben. Sie ist ein paar Schritte weitergelaufen und beobachtet die Hunde, lässt ihren Blick aber auch ab und zu durch die Umgebung schweifen.

Benno versucht unterdessen Lina gelegentlich zu besteigen, aber dann wehrt diese ihn ab. Er probiert es erneut. Sie zeigt ihm die Zähne und keift ihn an.
He, lass das, du Macho.
Och, Schätzelein, sei doch nicht so.
Benno leckt Lina die Lefzen ab.
Lina hat bald genug von der Einschleimerei, zieht kurz die Lefzen hoch.
Hör auf jetzt damit. Ist ja gut, Freunde.
Sie rennt wieder los und die Toberei beginnt von Neuem. Schnelle Rennspiele findet sie toll.
Aber kaum hat Benno die Hündin wieder eingeholt, schleckt er ihr die Ohrmuscheln ab und versucht erneut sie zu besteigen.
Jetzt bleib doch mal stehen, Süße. Ich hab jetzt Bock.
Nein. Hör auf damit, du Depp.
Lina reagiert mit einem heftigen Abwehrschnappen und schaut sich zu ihrer Besitzerin um.
Hilfst du mir bitte mal, Frauchen?
Diese fängt Linas Blick auf.
„Lina, hierher", ruft sie freundlich, aber bestimmt und Lina folgt der Aufforderung umgehend. Noch im Laufen versucht sie erneut Benno abzuschütteln, der wieder und wieder versucht aufzureiten.
Lina keift ihn an und Benno nimmt schnell etwas Abstand.

„Na, hat Lina heute keine Lust zum Spielen?" fragt Herr M. und schaut belustigt zu, wie Benno – seine Ohren schräg nach hinten gestellt - Lina die Ohrmuscheln und das Maul ableckt.
Lass mich doch mal, Süße. Komm, sei lieb.

Lina dreht immer wieder den Kopf weg und zieht leicht die Lefzen in die Höhe, so dass ihre Zähne sichtbar werden.
„Wie süß, schau mal, wie er Küsschen gibt.", lacht Frau M. und betrachtet ihren Hund mit verklärtem Blick. „Das ist ja wohl die ganz große Liebe, was Benno?"
„Na, ich weiß nicht. Ich glaube, er ist ihr heute etwas zu aufdringlich.", kommentiert Frau Schmitt die Situation, während sie erste Anläufe startet Benno von Lina fernzuhalten, die mittlerweile versucht, sich hinter ihrer Besitzerin zu verstecken.
„Aber nein, das glaub' ich nicht. der will doch bloß spielen. Stimmt's Bennolein?", nimmt Frau M. ihren Hund in Schutz. „Sonst toben die beiden doch auch gerne zusammen."
Herr M. wirft mit hochgezogenen Augenbrauen einen Blick auf Frau Schmitt, schaut dann zu seiner Frau und verrollt die Augen. Frau M. hofft, dass Linas Frauchen es nicht bemerkt hat.
Frau Schmitt hat sich unterdessen hoch aufgerichtet zwischen Benno und ihre Hündin gestellt und ihren Blick fest auf Benno gerichtet. Er schaut zu ihr hoch, hält ihrem Blick kurz stand, schaut weg, leckt sich über die eigene Schnauze und geht dann ein paar Schritte rückwärts.
O.k., o.k., sorry.
Frau Schmitt blinzelt ihm zu und er wedelt zaghaft.

„So, das reicht auch für heute. Wir müssen uns jetzt ohnehin beeilen, ich bin schon spät dran. Komm Lina, heimwärts. Tschüß." Frau Schmitt winkt dem Ehepaar kurz zu, marschiert zügig los und wird sofort von ihrer Hündin begleitet. Lina schaut mit einem lachenden Gesichtsausdruck an ihrer Besitzerin hoch.
Danke.
Diese gibt ihr einen kurzen, sanften Stups mit zwei Fingern an die Flanke. „Gern geschehen."

„Ich finde die Frau komisch. Nie darf ihr Hund richtig spielen. Seltsame Person." Herr M. schüttelt den Kopf und ruft seinen Hund, der sich anschickt die beiden zu verfolgen.
„Hier Benno." Benno bleibt kurz stehen, läuft dann aber langsam weiter hinter Lina her.
Schade, dass die schon gehen.
„Komm her, Benno." Herr M. läuft seinem Hund hinterher, holt ihn ein.
„Hierher", Er greift nach dessen Halsband. „So ist's fein, Kumpel." Herr M. klopft seinem Hund freundschaftlich kräftig auf die Schulter. Der zuckt zusammen.
Was ist fein?
Benno schaut seinen Menschen mit eingezogenem Genick und großen, fragenden Augen an.
Und warum haust du mich?
„Ach Benno, schau nicht so traurig. Sei nicht enttäuscht. So sind sie halt die Mädels. Komm wir laufen noch ein Stück weiter. Du hast ja schließlich noch uns."
Na super.
Benno dreht sich noch einmal nach Lina um, aber sie ist völlig mit Frauchen beschäftigt und beachtet ihn nicht mehr.
Was hat die, was ich nicht habe?
Dann löst er seinen Blick von ihr und trottet seinen Besitzern hinterher.

> *Fremde oder Freunde?*

Hand in Hand laufen Herr und Frau M. den eingeschlagenen Weg weiter. Ein Paar vereint in friedlicher Harmonie. Minutenlang spricht niemand ein Wort. Die Menschen genießen die Erholung und Entspannung. Benno hat sich mit Linas Abgang abgefunden, saust nun wieder herum von links nach rechts, immer der Nase nach, auf der Suche nach interessanten Eindrücken und Herausforderungen. Ganz auf sich gestellt erforscht er die Natur. Voller Energie rast er durch die Wiesen. Er rennt in großen Kreisen, hopst und springt über Grasbüschel und herab gefallene Äste. Aber niemand stimmt in sein Rennspiel ein. Er schaut sich nach seinen Menschen um, die er weit hinter sich gelassen hat, auf dem langen Weg, der direkt in die weitläufigen Wiesen führt.
Kommt ihr mit?
Beide folgen ihm, erwidern den Blickkontakt aber nicht, da sie sich angeregt und leise unterhalten. Er läuft noch ein Stück weiter und bleibt hoch aufgerichtet stehen. Auf einem weit entfernten Querweg läuft ein Mann mit seinem Hund. Benno schaut sich nach seinen Menschen um.
He ihr - guckt mal. Da sind welche.
Dann schaut er wieder zu den beiden Fremden, die noch sehr weit weg, aber schon gut zu erkennen sind. Er richtet seinen Blick schnell wieder auf seine Menschen.
Soll ich oder soll ich nicht?
„Benno?"
Darf ich oder darf ich nicht? Er zögert einen Moment. *Egal.* Er startet durch. Volles Tempo.
„BENNO!"
Er rast weiter in Richtung der beiden Unbekannten. Eine tolle Herausforderung.

„Benno, NEIN. Benno, HIER!", seine Besitzerin ist in höchster Aufregung.
Jaha, keine Angst. Ich weiß doch, wo ihr seid. Ich komm ja wieder – später.

Auch Herr M. ist nun wütend über den Ungehorsam seines Hundes und beginnt schneller zu laufen.
"BENNO! Bleib stehen. Komm her. Benno komm gefälligst HIER HER!" Das Tempo von Herrn M. ist mittlerweile wettkampfverdächtig. „Benno, was hab ich denn gesagt?"
Weiß doch ich nicht.
Benno ist soeben bei den beiden Fremden angekommen, hat aber vorsichtshalber ein paar Meter vor dem Mann und dessen Hund angehalten. Der große fremde Hund steht still mit hoch aufgerichtetem Kopf und erhobener Rute an der Seite seines Menschen. Beide schauen Benno aufmerksam an und bewegen sich nicht von der Stelle. Benno verharrt, senkt etwas den Kopf, wendet den Blick kurz ab und wedelt dann ein bisschen. Der fremde Hund reagiert nicht, sondern fixiert Benno.
„BENNO, Herrgott. Hier hab' ich gesagt!" Völlig außer Atem ruft Herr M. dem fremden Mann im Lauf entgegen. „Tut mir leid", wendet er sich atemlos an den fremden Hundehalter. „Benno ist noch sehr jung. Er will nur spielen. Der macht nichts, wissen Sie?", versucht er sich freundlich aus dieser megapeinlichen Situation zu befreien.
„Nein, weiß ich nicht. Ist mir auch egal", antwortet der Mann. Da sich beide Herren anscheinend verstehen, da sie sich ja etwas zurufen, wagt Benno sich näher an den fremden Hund heran und beginnt ihn zu umkreisen.
Was Herrchen kann, kann ich auch. Hei Kumpel, wer bist'n du?
Beide Hunde gehen sich mit langsamen Schritten umeinander herum. Sie laufen steifbeinig, wirken angespannt.

Der fremde Rüde riecht an Bennos Geschlechtsteil. Benno hält still.
Ich kenn dich nicht. Also benimm dich.
Ich kenn dich ja auch nicht. Wie riechst'n du?
Benno hält seine Nase an das Geschlechtsteil des fremden Rüden, schnuppert lang und ziemlich ungehemmt. Dieser beginnt schon nach einem kurzen Moment zu knurren.
Jetzt reicht's aber, du Flegel.
Benno weicht sofort zurück, ist aber immer noch neugierig.
Was hast du hier zu suchen, in meinem Streifgebiet?
Wieso deins?
Du junger Schnösel! Willst hier wohl den Macho spielen, oder was? Trau dich doch!
Nee, lass mal gut sein. Ich dachte, mit dir könnte man toben.

„Sie sollten ihren Hund aber nicht ohne Leine laufen lassen, wenn der nicht hört." Salopp klatscht der Fremde Herrn M. die Kritik um die Ohren, die dieser gerade noch gebraucht hat. Mit einer Hand dreht der Fremde sich unterdessen eine Zigarette.
„Natürlich hört mein Hund. Nur wenn er andere sieht, hapert es manchmal! Er ist halt sehr verspielt", schnauzt Herr M. völlig außer Atem zurück, stocksauer, dass sein Hund ihn in eine solche Lage gebracht hat. Der Fremde steckt sich in aller Seelenruhe seine fertige Zigarette in den Mund.
„Lucas zurück und SITZ." Man hört ihn kaum. Sein Stimme klingt freundlich, aber bestimmt. Sein Hund wendet sich daraufhin von Benno ab und setzt sich. Benno weicht ebenfalls etwas von dem fremden Hund zurück. Plötzlich wird er von hinten am Halsband gepackt.
„Sag mal, kannst du nicht hören?" Herr M. hat seinen Hund erreicht. Er klingt aggressiv.

Sofort spannt sich Benno Körper an. Er schiebt den Brustkorb vor, hebt den Kopf sehr hoch, stellt die Ohren auf und fixiert den Rüden Lucas.
Spinnst du, du Hund? Willst du uns anmachen oder was?
Benno knurrt und zeigt die Zähne.
Mein Mensch kann dich nicht leiden. Und da halte ich zu ihm.
„Hör auf, Benno, lass gut sein. Benimm dich jetzt", brüllt Herr M. seinen Hund an und zerrt ihn grob von dem fremden Rüden weg.
Aua. Was soll das? Du tust mir weh. Und der ist Schuld.
Benno wehrt sich gegen die Strangulation am Hals.
„Geh Lucas." Der Rüde erhebt sich, geht zum nächsten Busch, hebt sein Bein, fixiert Benno und scharrt nach hinten raus.
So du Pappnase. Wir wollen doch mal klarstellen, wem hier was gehört.

„Bennolein. Da bist du ja. Was machst du denn für Sachen?" Frau M. ist mittlerweile auch eingetroffen, reichlich außer Atem mit hektischen roten Flecken auf den Wangen.
„Ist dir was passiert Benno?" Sie beugt sich über ihren Hund, der nun wieder alle vier Füße am Boden hat, aber sofort den Kopf weg zieht, um die Fremden nicht aus den Augen zu lassen. Dann stellt sie sich neben ihren Mann, der seinen Hund unterdessen angeleint hat, ihn aber zusätzlich am Halsband kurz hält.
„Entschuldigung" wendet sie sich an den fremden Mann. „Er ist manchmal etwas stürmisch. Aber eigentlich ganz lieb. Ist ja gut, Benno. Der tut dir doch nichts. Ist ja gut." Sie krault ihren Hund, der daraufhin wieder knurrt und den fremden Hund nicht aus den Augen lässt.
„SITZ!" schnauzt Herr M. seinen Hund an und ruckt am Halsband.

„Benno, Sitz!" Aber Benno stellt sich auf die Hinterläufe und beginnt wie wild zu bellen. Sein Frauchen versucht ihm auf den Rücken zu klopfen.
„Ist ja gut, Bennolein. Ist doch gut."
Siehst du. Ich hatte Recht. Meine beiden Leute können euch nicht leiden. Herrchen ist sauer auf euch und Frauchen ist mit mir voll zufrieden, weil ich so mutig bin. Ihr beide habt hier gar nichts zu suchen. Haut bloß ab.
„Normalerweise hört er auf's Wort", versucht Frau M. mit leiser Stimme und einem etwas verkrampften Lächeln die Situation zu retten.
„Ach was. Sie wissen wohl nur nicht auf welches?" Der Fremde schmunzelt. „Lucas, wir gehen." Er tippt zum Gruß an seinen Hut, wendet sich dann seinem Hund zu, der sich sofort entspannt, freudig zu seinem Menschen schaut.
O.k. Boss.

Ohne ein weiteres Wort zu verlieren folgen die beiden dem Weg Richtung Rheinufer. Benno knurrt und zerrt an seinem Halsband. Er steigt wieder hoch und versucht sich aus dem Würgegriff zu befreien.
Ha, denen hab' ich's aber gezeigt! Feiglinge, alle beide!
Stolz blickt er zu seinem Frauchen, die ihn liebevoll, aber etwas besorgt anschaut.
Ich hab dich beschützt Süße. War ich nicht einsame Spitze?
Dann richtet er seinen Blick auf sein Herrchen, um sich seinen Mut und Einsatzwillen bestätigen zu lassen.
Mensch, Kumpel, siehst du - so geht das! Weg sind sie. Genau, wie du gewollt hast! Haben wir doch klasse hingekriegt, oder? Obwohl, ich für meinen Teil hätte den Typ schon gerne näher kennen gelernt. Wirkte eigentlich ganz sympathisch auf mich. Wenn ihr nicht so panisch gewesen wärt, hätte ich den vielleicht ganz nett finden können.

Ein plötzlicher Ruck am Halsband reißt ihn in die Wirklichkeit zurück. „Jetzt hör' endlich auf zu bellen, du Hund. Sag' mal, Benno, kannst du nicht einmal hören, wenn man dich ruft?"
Hab ich was falsch gemacht? Aber...?
Herr M. ist stocksauer. „Sie wissen wohl nur nicht auf welches?", äfft Herr M. den Fremden nach. „Was glaubt der eigentlich, wer er ist, dieser eingebildete Fatzke! Kommt sich wohl besonders schlau vor. Soll er doch seinen eigenen Hund an die Leine nehmen, anstatt anderen Leuten gute Ratschläge zu geben." Leinenruck, zack.
Auuaa.

„Ach Schatz, jetzt ärgere dich doch nicht. Wir wollten uns doch entspannen."
„Dann sag das bitte mal deinem Hund."
„Wieso meinem Hund?" Beide klingen gereizt.
Unsicher schaut Benno, der zwischen ihnen läuft, von einem zum anderen, schleckt sich über die Schnauze.
Hey, beruhigt euch wieder. Macht euch locker.
„Er ist genauso dein Hund, wie mein Hund. Stimmt's Bennolein?" Sie versucht Benno auf dem Kopf zu kraulen, aber der taucht ab und täuscht schnüffeln vor.
Lass das doch. Ich hab dir doch nix getan, Mensch.
„Ich hab dir vorhin schon gesagt, er sollte besser an der Leine bleiben." Leinenruck zack.
Auua.
„Fuß, jetzt!" Herr M. klingt immer noch aggressiv.
Hä? Hattest du was gesagt?
„Wie oft soll ich dir noch sagen, du sollst Fuß laufen!" Benno zieht es vor langsam zu laufen, damit Herr M. friedlicher wird, obwohl er sich in dessen Nähe grade sehr unwohl fühlt.

„Ach was, jetzt bin ich wohl Schuld?" Frau M. schnappt hörbar nach Luft. „Der Hund muss sich doch auch mal austoben können. Und normalerweise hört er ja auch, wenn keiner da ist. Aber wenn er etwas auf Entfernung sieht, dann ist er eben neugierig."

Ab und zu gelingt es dem angeleinten Hund einen wichtigen Geruch zu erhaschen und kurz zu schnüffeln. Herr M. bleibt mehrmals stehen und setzt seinen Weg erst fort, als Benno fertig geschnüffelt hat und bereit ist weiterzulaufen.
Plötzlich, als Benno wieder schnüffeln will, ruckt Herr M. abermals herzhaft an der Leine. „Fuß hab' ich gesagt."
Was? Was hast du gesagt? Auua.
Benno stupst seinen Herrn versöhnlich an der Hand.
Sind wir wieder Freunde?
Doch sein Mensch gibt ihm einen Klaps auf die Nase. „Hör auf zu betteln. Du kriegst jetzt bestimmt kein Leckerchen von mir."
Autsch! Leckerchen? Wo? Jetzt? Gleich? Au ja!
Benno läuft abwartend auf Höhe mit dem Knie seines Menschen, den Blick fest auf die Manteltasche gerichtet.
„Na bitte, geht doch."
Benno wartet und wartet, aber nichts passiert.
Hä?

„Ich hab' mir immer gewünscht, wenn ich mal einen Hund habe, soll er frei laufen können und wenn ich rufe, soll er kommen. Mehr brauch' ich eigentlich nicht." Herr M. klingt wieder etwas freundlicher Er hat, während er spricht, kommentarlos Bennos Leine gelockert und lässt ihn wieder schnüffeln.
„Ich bin bloß froh, dass ihm nichts passiert ist. Das hätte ja auch ein gefährlicher Hund sein können." Frau M. hakt sich bei ihrem Mann unter. Schweigend gehen sie weiter. Die

Sonne hat sich hinter ein paar Wolken versteckt. Einsam und düster liegen die weiten Wiesen vor ihnen. Ein abgestorbener Baum ragt gespenstisch in den Himmel. Wortlos wandern die Drei ihres Weges. Benno versucht hier und da näher an den Wegesrand und in die Wiese zu kommen, aber die Leine hält ihn zurück. Herr M. ruckt jedes Mal kräftig dagegen und Benno leckt sich sofort über die Schnauze. *T'schuldigung.*
Er latscht lustlos weiter in der Hoffnung seine Menschen ärgern sich nicht mehr all zu lange über die Fremden.

> *Konsequenz und Inkonsequenz*

„So mein Lieber. Verdient hast du es ja nicht." Herr M. nestelt an Bennos Halsband. Er löst den Karabiner der Leine. Benno wedelt freudig und spurtet sofort los.
Supi. Danke.
„Jetzt lauf schon.", ruft er seinem Hund nach.
Der Wind schiebt die Wolken beiseite und die Sonne erstrahlt wieder am Himmel. Das Gezwitscher der Vögel erklingt wieder lauter als noch ein paar Minuten zuvor.

„Da, schau dir deinen Hund an. Undankbar, wie eh und je. Kaum ist die Leine ab, schon rennt er wieder zu weit davon!" Herr M. hängt sich die Leine wieder um den Hals.
„Jetzt hör doch auf mit dem dämlichen DEIN HUND." Frau M. ist aufgebracht. „Du wolltest ihn genauso, wie ich. Du bist nur zu streng mit ihm. Du machst ihm manchmal richtig Angst."
„Ich bin zu streng? Das ist jetzt aber nicht dein Ernst!" Herr M. bleibt stehen und schaut seine Frau ungläubig an. „Ich versuche nur konsequent zu sein! Du verwöhnst ihn viel zu sehr. Bennolein hier, Bennolein da. Ist doch kein Wunder, dass der Kerl so unerzogen ist." Er vergräbt beide Hände in den Manteltaschen.
Benno hat sich in der Zwischenzeit wieder einen Stock gesucht, um seine Menschen abzulenken und zum Spielen zu bewegen. Er hüpft vor ihnen hin und her, aber sie bemerken ihn gar nicht.
„Das mit der Konsequenz ist ja schön und gut, aber ich finde du übertreibst. Er ist ja schließlich keine Maschine. Und ich verwöhne ihn gar nicht zu sehr. Ich hab' ihn halt sehr lieb und das soll er ruhig wissen." Ihre Augen füllen sich mit Tränen. „Ich will keinen Hund mit Kadavergehorsam. Schließlich sollte es ihm bei uns viel besser gehen als frü-

her. Du weißt selber sehr gut, dass er keine besonders schöne Kinderstube hatte. Dieser furchtbar verdreckte Hof." Frau M. zieht ein Taschentuch aus der Manteltasche, wischt sich eine Träne von der Wange und schnäuzt sich die Nase. Dann fällt ihr das Papiertaschentuch plötzlich aus der Hand zu Boden. Schneller als sie sich bücken kann, ist Benno schon zur Stelle und schnappt es sich.

„Ach Benno. Pfui. Aus. Lass doch das olle Taschentuch los. Aus. Ahaus. Nein!" Sie klingt schrill. Benno rennt in einem großen Bogen um seine Menschen herum. Den Kopf mit dem Papiertaschentuch hoch erhoben.
Meiheins.Meiheins. Kriegt mich doch.
„Benno. Pfui ist das. Gib das aus jetzt." Herr M. bückt sich um seinen Hund von oben zu packen, aber der ist schneller und weicht geschickt aus. Er wedelt und hopst, den Kopf in den Nacken geworfen.
„Schau mal Benno, was Frauchen Feines für dich hat. Gucke mal!" Frau M. hat ein Leckerlie aus der Tasche genommen und hält es ihrem Hund entgegen.
Mmmhh. Danke.
Benno wedelt erfreut, lässt sofort das Taschentuch fallen und schnappt sich das Futter.
„Siehst du, Herr Oberlehrer, so geht es auch. Und ganz ohne schimpfen." Trotzig und triumphierend schaut Frau M. ihren Mann an. Sie bückt sich, um das Taschentuch auf zu heben, aber Benno ist viel schneller. Zack und weg.
Nänänänänä!
„Benno, nein. Du Sausack." Frau M. ist amüsiert und enttäuscht zugleich.
„Ach lass ihn doch." Herr M. schaut seinem Hund hinterher.
„Ist doch nur ein Papiertaschentuch." Benno hat sich mit seiner Beute am Rand des Weges abgelegt und zerreißt das Papier in tausend Fitzelchen, während er es mit zwei

Pfoten festhält. Frau M. geht auf ihn zu. Benno hält inne, beobachtet sie, wird ganz steif und beginnt zu knurren, als sie nach dem Papierfetzen greifen will.
Verzieh dich.
Er zieht die Lefzen hoch und zeigt die Zähne. „O.k., o.k. Wie du willst. Dann zerreiß es halt." Sie wendet sich ab und geht zu ihrem Mann zurück.

„Lass ihn doch. Das Ding ist doch nur aus Zellulose und kompostiert hier draußen sowieso recht schnell." Er versucht den Arm um seine Frau zu legen, aber sie weicht ihm aus.
„Du brauchst jetzt gar nicht abzulenken. Du glaubst allen Ernstes, dass ich schuld daran bin, dass Benno ab und zu nicht gehorcht. Das habe ich schon verstanden." Frau M.'s Stimme klingt kühl. „Es ist ganz gut, dass ich morgen zu meiner Mutter fahre. Da kannst du dich das ganze Wochenende nach Herzenslust der Hundeerziehung widmen. Ich bin ja mal gespannt, was dabei raus kommt."
Die beiden Menschen folgen weiter dem Weg. Beide haben die Hände in den Taschen vergraben, laufen getrennt, links und rechts des Weges, einen Meter Abstand zwischen ihnen.
„Es geht doch hier nicht um Schuld. Ich mache dir eigentlich auch keinen Vorwurf.", versucht Herr M. einzulenken. „Ich glaube nur, dass unsere Erziehung bei Benno irgendwie nicht ankommt. Er will uns einfach nicht verstehen. Wahrscheinlich ist er ja doch dominant und daher kaum erziehbar." Nachdenklich kickt Herr M. einen kleinen Stein aus dem Weg. „Dabei will ich ja gar keinen gedrillten Zirkushund. Aber er muss doch funktionieren, wenn es drauf ankommt!"
Benno hat die Papierfetzen liegen gelassen. Unsicher von

einem zum anderen schauend, läuft er in der Wegmitte zwischen seinen Menschen.
Seid ihr mir böse?
Schweigend marschiert das Trio weiter durch die Natur. Die Sonne hat sich für ein paar Minuten versteckt. Ein kühler Wind zieht über die Wiesen, die Gräser neigen sich und das restliche Laub in den Bäumen raschelt. Frau M. zieht ihren Mantel fester um ihre Schultern.
Hin und wieder gibt ein Blatt dem Wind nach und segelt zu Boden, wie eine herabfallende Träne.

Nach einigen Minuten des Schweigemarsches kommt ihnen eine junge Frau mit einem Kleinkind im Buggy und einem etwa siebenjährigen Jungen entgegen. Der Junge läuft einige Meter vor dem Buggy her und schwenkt einen Stock. Mal lässt er ihn wie ein Schwert hin und her sausen, mal stolziert er damit, ihn senkrecht hoch haltend, als trage er eine Fahne.
„Schau mal, Mama. Darf ich zu dem Hund?" Er dreht sich nach seiner Mutter um, zeigt in Bennos Richtung, aber sie beachtet ihn nicht. Während sie einhändig den Buggy mit ihrer kleinen Tochter vor sich her schiebt, ist sie mit der anderen Hand beschäftigt eine Textnachricht in ihr Handy zu tippen.
„Mama, guck doch mal, ein Hund." Der Junge lässt den Stock sinken und läuft freudestrahlend auf Benno zu.
„Sitz, Benno", hört Benno seinen Herrn leise sagen und dieser setzt sich sofort.
„So ein braver Hund. Lassen Sie ihn ruhig", ruft die junge Frau den beiden Menschen und ihrem Hund entgegen. „Jonas liebt Hunde. Seine Oma hat auch einen." Sie hat kurz den Kopf gehoben, sogleich aber wieder auf das Display ihres Handys geschaut.

„Ja dann." Herr M. zieht die Hand zurück, mit der er seinen Hund eigentlich festhalten wollte, aber der ist schon wedelnd los gelaufen und betrachtet den Jungen mit dem Stock. Jonas hält Benno die freie Hand entgegen. Der schnuppert ausgiebig daran und versucht daran zu ziehen. Jonas lacht auf, zieht den Stock aber blitzschnell in die Höhe.
„Er heißt Benno und mag Kinder sehr gerne", ruft Frau M. dem Jungen zu.
Plötzlich wittert Benno etwas anderes und sein Blick fällt auf das Mädchen im Buggy. „Wawa", strahlt sie und schwenkt beide Fäustchen, in denen sie jeweils einen Teil einer Laugenbrezel hält.
„Wawa. Wawa"
„Ja, Alina, das ist ein Hund. Und was für ein hübscher." Die junge Frau hat das Handy zurück in ihre Tasche gesteckt, steht lächelnd neben ihrer Tochter. Benno hat sich wedelnd langsam dem Buggy genähert. Das Mädchen streckt die kleine Faust, die das große Stück Laugenbrezel umklammert, in seine Richtung.
Mmhh. Lecker. Meins.
Blitzschnell schießt Bennos Kopf vor und er schnappt sich das Stück aus der Hand des Kleinkindes.
Nänänänänä.
Alina gluckst und fuchtelt mit der nun leeren Hand. „Wawa Hamham"
„BENNO, Pfui ist das!" Herr M. klingt wütend.
Benno saust davon und untersucht in ein paar Meter Entfernung seine Eroberung.
„Ach lassen Sie ihn doch. Bei Emma, dem Hund meiner Mutter, macht sie das auch immer so. Alina hat keine Angst vor Hunden. Stimmt's Mäuschen?" Sie tätschelt ihrer Tochter mit der Hand über den Kopf. Sofort neigt Alina den Kopf

zur Seite und schaut mit wütendem Gesichtsausdruck zu ihrer Mutter hoch.

„Das ist mir jetzt aber wirklich peinlich, dass unser Hund die Brezel geklaut hat." Auch Frau M. ist etwas zerknirscht, möchte aber die junge Mutter nicht belehren, dass eine solche Situation auch unschön ausgehen könnte.
Benno liegt unterdessen mit seiner Beute auf dem Boden. Während er auf der Brezel herumkaut, hat sich der Junge genähert und schaut ihm zu. Benno hält inne, wird ganz steif, schaut ihn von unten heraus an und knurrt.
Verpiss dich.
Jonas holt tief Luft, stemmt die Arme in die Seiten und macht ein erzürntes Gesicht.
„Blödmann, hör sofort auf. Die Brezel hat meiner Schwester gehört, du Depp." Er bückt sich und hebt die angekaute Brezelhälfte auf, die Benno schnell ausgespuckt hat.
Ist ja gut Kumpel. Man kann's ja mal versuchen, oder?

Mit zwei Fingern hält der Junge die Brezel hoch und betrachtet sie etwas angewidert von allen Seiten.
„Igitt! Die kann Alina eh nicht mehr gebrauchen. Eklig, voll glitschig das Ding." Mit einer abfälligen Bewegung schmeißt Jonas dem Hund die Brezel wieder vor die Füße, der ihn die ganze Zeit anschaut.
Und jetzt?
„Da, fress' sie halt auf."
Danke.
Jonas dreht sich um und geht weg.
Er nimmt sein Ritterspiel mittels Stock wieder auf und läuft von Benno weg, der im sofort folgt, wobei er den Rest des Brezelstücks quasi noch im Laufen herunter schlingt.

Die Sonne ist zurückgekehrt und der Wind hat nachgelassen. Die Landschaft ist wieder in goldenes Licht getaucht. Die Erwachsenen beginnen sich über die herrliche Aussicht und das schöne Herbstwetter zu unterhalten.
Benno hopst vor Jonas hin und her und deutet Schnappen nach dem Stock an.
„Los, such." Der Junge wirft den Stock, Benno holt ihn sofort aus der Wiese zurück, rennt wedelnd zurück zu Jonas, der ruft: „Aus, Benno." Benno wirft ihm sofort den Stock vor die Füße. „Fein Aus. Feiner Benno. Sitz Benno. Prima. Los, such." Wieder und wieder treiben die beiden ihr freudiges Spiel miteinander. Die Erwachsen schauen zu und amüsieren sich über das ausgelassene Treiben.
„Was haben die zwei doch für einen Spaß miteinander."
Frau M. freut sich für ihren Hund. Endlich mal ein ausdauernder Spielgefährte. Auf einmal lässt Benno den Stock fallen und springt an Jonas hoch.
„He, hör auf", schreit der Junge und rennt einen Kreis in der Wiese.
Prima! Los geht's.
Benno setzt nach und schnappt im Sprung nach der Kapuze, die auf Jonas Rücken auf und ab dopst.
„He, hör auf, Benno. Aus. MAMA. Der macht meine Jacke kaputt!" Jonas Stimme klingt panisch. Er stürzt im Laufen. Benno zieht und zerrt an der Kapuze und knurrt dabei.
Meins. Meins. Meins.
Alina im Buggy beginnt zu weinen.
„So tun Sie doch was um Himmelswillen!" die junge Mutter klingt schrill, lässt den Buggy einfach stehen und rennt in Richtung ihres Jungen.

„BENNO. Hör sofort auf damit. Wirst du wohl? BENNO!"
Auch Herr M. ist herbeigeeilt und will seinen Hund am Halsband packen. „Aus, Benno. AUS. Pfui ist das."

Der Junge beginnt zu weinen und Benno lässt sofort die Kapuze los. Er rennt um den Jungen herum und leckt ihm die Tränen ab.
Tut mir leid. Ehrlich.
„Wie können sie einen so aggressiven Hund überhaupt auf Kinder loslassen. Das ist ja unmöglich."
„Was heißt hier aggressiver Hund. Der macht doch gar nichts. Ihr Junge sollte besser wissen, dass man vor einem Hund nicht davon läuft. Es ist ja auch gar nichts passiert."
Die Gemüter der Erwachsenen erhitzen sich und der Disput ist im vollen Gange. Sie stehen zu dritt vor Benno, der unterdessen Jonas herzhaft die Wangen ableckt. Dieser, noch immer am Boden sitzend, kichert und krault Benno am Hals.
„Du bist aber ein Netter."
Tut mir auch leid, ich wollte dich nicht erschrecken.
„Ist schon o.k. Es ist ja nichts passiert."
Herr und Frau M. und die junge Mutter blicken herab auf Kind und Hund, und verstummen.

„Jonas, wir gehen jetzt." Die junge Frau zieht ihr Kind am Arm auf die Beine, zerrt ihn am Ärmel zum Weg und packt den Buggy fest am Griff. Benno trottet, gefolgt von seinen Menschen, hinterher.
„Der Hund ist nichts für dich!"
„Aber, Mama, Benno ist ganz lieb. Ehrlich. Mama, bitte. Lass mich bitte noch mal mit ihm spielen. Noch einmal den Stock werfen, bitte?"

„Nein, Jonas, wir gehen."
„Mama, Bitte!"

„NEIN!" Ohne ein weiteres Wort zu verlieren schiebt sie den Buggy energisch den Weg entlang.
„Mama, bitte."

„Jonas NEIN."
„MAMA! BITTE!" Jonas steht neben Benno, der ihm nicht von der Seite gewichen ist und die junge Frau skeptisch beobachtet.
„Also gut. Aber nur einmal."

Nachdem Jonas noch dreimal den Stock für Benno geworfen hat, verabschiedet sich die kleine Familie. Die Erwachsenen haben kein Wort mehr gesprochen, während sie auf das Ende des Spiels warteten.
Herr und Frau M. gehen den Weg in der entgegengesetzten Richtung weiter. Ihr Hund bleibt immer wieder stehen und schaut sich nach Jonas um. Auch Jonas, der neben seiner Mutter hertrödelt, dreht sich immer wieder um und winkt Benno zu. Benno bleibt dann stehen, schaut Jonas an und wedelt.
Bis bald hoffentlich. War nett mit dir.

„Ich fass es nicht!" Frau M. schüttelt den Kopf. „Ich kann nicht glauben, wie inkonsequent manche Menschen heutzutage sind. So inkonsequent wäre ich nie." Sie schaut ihren Mann im Weitergehen von der Seite an.
„Ach, weißt du, das ist mir absolut egal. Schließlich muss sie selber später damit klar kommen, wenn sie nicht ernst genommen wird und die lieben Kleinen ihr auf der Nase rum tanzen." Herr M. kratzt sich am Kopf. „Aber zu behaupten unser Hund sei aggressiv, das war ja wohl ein starkes Stück! Ausgerechnet unser Benno. Und wie lieb er den Kleinen abgeleckt hat. Er ist schon ein süßer Kerl." Er legt seiner Frau den Arm um die Schultern und drückt sie an sich. „So, und nun lass' uns lieber den Spaziergang genießen. Und unseren Hund. Für den sind wir ja extra hierher gefahren. Wo ist der überhaupt? Aggressiver Hund, ich fas-

se es nicht. Du hättest ihn ruhig auch mal verteidigen können."
„Wie bitte? Ich hör' wohl nicht recht?"
Frau M. löst sich aus der Umarmung und schaut ihn mit zusammengezogenen Augenbrauen an.
Herr M. zieht eine Schachtel Zigaretten aus der Manteltasche, steckt eine Zigarette in den Mund und zückt das Feuerzeug.
„Muss das jetzt sein? Du hattest mir versprochen die Zigaretten zu Hause zu lassen! "
„Ja, das muss jetzt sein!" Herr M. schickt sich an, die Zigarette anzuzünden.
„Nein"
„Doch"
„Ach Schatz. Bitte nicht. Es ist doch so schöne Luft hier. Nein."
„Lass mich doch. Nur die eine. Weil ich mich so geärgert habe."
„Also gut. Aber nur eine." Frau M. steckt die Hände in die Manteltaschen, seufzt und stapft zügig davon.

Weil seine Menschen wieder mit Reden beschäftigt sind, hat sich Benno an ihnen vorbeigeschlängelt und erkundet erneut die Landschaft.
Viel interessantere Gerüche beherrschen seine Sinne. Er bleibt stehen und wittert, die Nase in die Luft erhoben. Dann dreht er sich um und schaut zu seinen Menschen. Herr M. hat seine Zigarette ausgetreten, einen Stock aufgehoben und wirft ihn – kommentarlos - über Benno hinweg in die Wiese. Benno setzt sofort zur Jagd an und bringt den Stock auf schnellstem Weg zu seinem Herren zurück. Herr M. fasst nach dem Stock und zieht daran.
„Fein. Benno bring's. Gib aus." Aber Benno denkt nicht dran.

Zieh doch, zieh doch.
„Aus, Benno, Aus."
Zieh doch, zieh doch.
„Aus Benno. Nein."
Benno wittert etwas und öffnet das Maul.
„Fein."
Hä?

Benno dreht sich um und schaut in die Wiese.
„Das ist ja mal wieder typisch. Da gehst du einmal mit uns spazieren und schon spielt er nur mit dir. Von mir lässt er sich die ganze Zeit nicht mal knuddeln."
Frau M. ist stehengeblieben und hat die Arme vor der Brust verschränkt. Vom Hund vernachlässigt, vom Mann kritisiert – toller Spaziergang.
„Was hab' ich denn jetzt wieder falsch gemacht?" Herr M. seufzt und rollt die Augen gen Himmel.
Die Stimmung verheißt Benno nichts Gutes. Den Stock, den er ihnen wieder und wieder vor die Füße wirft, bemerken seine Menschen nicht mehr. Sie klingen nicht nett und irgendwie zu laut. Benno legt die Ohren an und schleicht sich davon.
Ohoh. - Oooohhhh

Da ist er wieder, dieser geile Geruch. Benno bleibt stehen. Und dann sieht er es.
Durch die menschlichen Stimmen aufgeschreckt setzt das Reh zur Flucht an.
Supii.
Benno rast sofort hinterher.
„Benno! BENNO. Nein. Aus. Pfui. HIER." Herrn M.s Stimme überschlägt sich fast.
„BENNO! Verdammt noch mal! Benno!
Mensch – Hund! Was soll denn das?"

Menschen und ihre Hunde

So oder ähnlich haben es bestimmt viele Hundebesitzer schon erlebt. Erkennen Sie sich und Ihren Hund eventuell in einzelnen Passagen wieder? Haben Sie nicht auch schon öfter gedacht: Was soll denn das? Sich geärgert, weil Sie eine bestimmte Erwartungshaltung hatten, aber von Ihrem Hund enttäuscht wurden? Sie wissen, dass er eigentlich ganz lieb ist, aber manchmal einfach nicht spurt, wenn es Ihnen wichtig ist?
Wegen dieser Fragen und Missverständnisse habe ich beschlossen dieses Buch zu schreiben. Weil es schade um die Zeit ist, die wir vergeuden mit Ärger, Stress und Diskussionen. Weil es so viele unnötige Missverständnisse im Zusammenleben von Menschen und Hunden gibt. Natürlich gibt es immer mal Auseinandersetzungen, da wir und unser Hund, besonders in seinen ersten drei Lebensjahren, nicht immer einer Meinung sind. Das ist völlig normal und gehört zur Entwicklung eines Hundeindividuums einfach dazu. Grenzen testen, Grenzen erleben. Unterschiedliche Interessen prallen aufeinander. Aber es können leider auch viele unnötige, vermeidbare Fehler in dieser Zeit gemacht werden. Sie entstehen meist nicht durch böse Absicht, sondern schlichtweg durch Unwissenheit über Hundeverhalten, unüberlegtes Handeln, Ignoranz hündischer Bedürfnisse und Signale, Phantasielosigkeit sowie Inkonsequenz. Daher habe ich beschlossen dies alles auf diese Art und Weise zu Papier zu bringen, weil ich möglichst vielen Hundehaltern damit helfen möchte, die gemeinsame und leider doch so kurze Zeit, die ein Hundeleben ja nun mal hat, möglichst intensiv, lehrreich und tatsächlich gemeinsam zu nutzen.
Liest man die Geschichte von Benno und stellt man es sich bildlich vor, wie in einem Film, kann man aus diesen kleinen Anekdoten schon enorm viel erfahren.

Was läuft falsch und wie kann man es besser machen?
Es fällt mir bei der intensiven Arbeit mit Hundebesitzern täglich auf, dass mir die Menschen sehr schnell beantworten können, wie sie sich ihren gehorsamen Hund vorstellen, was er alles perfekt können soll, was sie an ihrem Hund mögen und vor allem, was sie so alles stört.
Aber sie tun sich unendlich schwer damit, mir zu beantworten, was sie glauben, was sich ihr Hund von ihnen wünscht, was er an ihnen mag und was ihn an ihrem gemeinsamen Zusammenleben stört bzw. verunsichert. Das aber ist es, was zu einer funktionierenden Partnerschaft und vertrauensvollen Beziehung dazugehören sollte. Dass beide Seiten „zu Wort" kommen, gehört und respektiert werden.
Es gehören Rücksichtnahme, Respekt, Akzeptanz, Toleranz und Empathie dazu, dass zwei Individuen miteinander auskommen und sich dadurch auch aufeinander verlassen können. Das bedeutet Geben und Nehmen. Nicht immer nur die eigenen Wünsche und Vorstellungen in den Vordergrund zu stellen. Das alles gilt (für mein Empfinden eben) auch für das Zusammenleben von Mensch und Hund. Und bei der Betrachtung einer Mensch-Hund-Beziehung sollte man nie vergessen, dass es sich bei diesem Familienmitglied um einen Hund - Canis lupus familiares – ein hundeartiges Raubtier, einen Nachfahren des Wolfes, handelt.

Egal ob er ein oder über achtzig Kilo wiegt. Es sind Tiere und keine Menschen. Wir können – dürfen – nicht immer nur unsere Wünsche in den Vordergrund stellen, ihnen unsere (oftmals egoistischen) Vorstellungen von einem funktionierenden Zusammenleben überstülpen. Es wird dem Hund nicht gerecht. Ihn zu sehr zu vermenschlichen, ihn zum Gehorsam zu knechten oder ihn immer wieder völlig mit seinem Stammvater dem Wolf gleichzusetzen, ist dem Hund gegenüber nicht fair.

Symptom oder Ursache?

Es gibt viele Hundetrainer (Hardliner bis Softies), die sich seit Jahren über die vielen Methoden der Hundeerziehung streiten. Aber leider sehen viele dieser Menschen meiner Meinung nach die ganze Hundehaltung, Erziehung und Beschäftigung entweder total verklärt, überspitzt oder viel zu einseitig. Mir fällt in Zeitschriften, Fachbüchern und bei den meisten sogenannten (auch selbsternannten) „Fachleuten/Hundetrainern/innen/Hundeflüsterern" immer wieder unangenehm auf, dass es in den Anleitungen und Erziehungstipps um möglichst schnelle, nur dem Kundenwunsch entsprechende, reine Symptombehandlungen geht. Dem Unterdrücken oder Umlenken von unerwünschtem Hundeverhalten. Dies gilt besonders auch für die vielen Hundeerziehungssendungen im Fernsehen, denen leider viele Zuschauer Glauben schenken, obwohl vieles, was hier gezeigt wird, fachlich nicht korrekt ist. Es mangelt an Ursachenforschung, Empathie, Fairness und am Wissen über das Wesen des Hundes als Rudeltier.

„Er bellt zuviel? Schmeißen Sie eine Rappeldose."
„Er zieht an der Leine? Wechseln Sie die Richtung oder geben Sie ihm einen kräftigen Leinenruck."
„Er zerstört Dinge im Haushalt? Gewöhnen Sie ihn an einen Maulkorb."
„Er schnappt? Fehlverhalten ignorieren Sie am besten."

Toll! Kann klappen, muss aber nicht. Es führt vielleicht sogar kurzfristig zum Erfolg, unerwünschtes Verhalten zu unterdrücken.
Aber was dann? Wie geht es dem Hund dabei?
Ist außer dem Mensch auch dem Hund mit dieser oder jener Lösung geholfen worden? Wohl kaum.

Warum zeigt er denn dieses Verhalten, das seinen Menschen so stört? Warum hat er überhaupt damit angefangen? Wohin mit seiner aufgestauten Energie und seinen ererbten Talenten?
Super ernährt, medizinisch bestens versorgt, tolle Leckerlies, Qualität von Liegeplätzen und Leinen einwandfrei. Viele, für den Hund nebensächliche Dinge sind mit Herz und für viel Geld angeschafft worden.
„Schau mal, Spatzl, gefällt dir die Leine?"
„Ist das nicht ein schönes, weiches Hundebett? Probier doch mal."
Alles schön und gut und durch die Liebe zum Hund auch verständlich, aber materielle Versorgung und vermenschlichte Fürsorge/Vergötterung/Verwöhnung verhindern kein „Fehlverhalten" (im Sinne des Menschen), sondern ermöglichen oder verstärken es sogar oftmals. Viele Menschen sind dann enttäuscht und frustriert. Enttäuscht von der Undankbarkeit ihres Vierbeiners, frustriert durch seine „Bockigkeit" oder hilflos ob seiner angeblichen „Dominanz".
Aber Fehlverhalten ist keine Dominanz, Undankbarkeit oder Bockigkeit. Niemand fragt den „verhaltensgestörten/problematischen" Hund, warum er dieses oder jenes Verhalten an den Tag gelegt hat, das seinen Besitzer offensichtlich so sehr nervt, dass dieser im besten Falle einen hoffentlich kompetenten Verhaltensberater hinzuzieht.

Dabei ist das einzig Sinnvolle und Hilfreiche für ein harmonisches Zusammenleben mit unseren Hunden, sie zu erkennen, zu berücksichtigen und zu respektieren. Sie in ihrer ganzen Komplexität, das heißt ihren Interessen, Neigungen, Talenten, Wünschen, Charakteren, rassespezifischen Eigenschaften und Emotionen wahrzunehmen. Es ist erstaunlich – nein traurig -, dass sich trotz zunehmendem Wissen der Verhaltensforscher über Hundeverhalten, die Erziehungs- oder Verhaltenskorrekturvorschläge von „Hundetrainern/-psychologen" viel zu oft auf das Unterdrücken von Symptomen beschränken, anstatt der wirklichen jeweiligen Ursache für störendes Verhalten auf den Grund zu gehen. Ein furchtbarer Trend, mit zumeist sehr zweifelhaften Methoden.

In den letzten Jahrzehnten sind durch wissenschaftliche Verhaltensbeobachtungen derartig viele neue Erkenntnisse über das hündische Wesen, das Rudelverhalten etc. veröffentlicht worden, dass man sie einfach nicht ignorieren kann (s.a. Literatur von Trumler, Bloch, Gansloßer, Feddersen-Petersen, Zimen, McConnell, Coppinger usw.).
Durch deren Arbeiten und Beobachtungen wird immer wieder bewiesen, wie hochsozial, komplex in ihrem Verhalten und Ausdruck und individuell Hunde sind. Und wie sehr unser eigenes verantwortungsvolles Verhalten für ein unkompliziertes Zusammenleben von Menschen mit Hunden in unserer Gesellschaft von Nöten ist. Nachdem wir all diese guten Bücher dieser wirklich kompetenten Fachleute gelesen haben, stellen wir fest: Hundeverhalten ist ungeheuer vielseitig und hoch interessant.

Deshalb kann es sie auch nicht geben: die eine, einzige, richtige Methode/Masche eines mehr oder weniger talentierten Gurus oder den einen Modetrend Hunde zu erziehen.
Es kann sie gar nicht geben.
Einseitigkeit ist der Tod der Individualität.

Es kann vor allem nicht richtig sein, unerwünschte Verhaltensweisen immer nur umzulenken – d.h. nichts anderes als Symptome zu unterdrücken - nur weil es dem Menschen anders besser gefällt (und schnell seine Erwartungshaltung bedient), als sich mit den wahren - auch manchmal unbe-

quemen - Ursachen von Fehlverhalten auseinanderzusetzen.
Denn meist sind Irrtümer, Unwissenheit, Egoismus, Bequemlichkeit und zuviel Liebe seitens des Menschen Auslöser (Schuld) an den Fehlern/Problemen, die Hunde machen und die ihnen dann zum Vorwurf gemacht werden.

Wir Menschen müssen also immer hinterfragen, sobald der Hund uns Kopfzerbrechen bereitet oder einfach nur nervt:
„Wenn mein Hund dieses oder jenes unerwünschte Verhalten zeigt, wie kommt er dann überhaupt darauf, dass er das machen muss, darf oder kann?
Wo mache *ich* Fehler in der Ausbildung, Beschäftigung, Erziehung, Kommunikation, Motivation usw.?"
Das ist unsere Pflicht als Ersatzeltern für unseren Hund.

Durch die Beobachtungen der modernen Verhaltensforschung wissen wir, dass die korrekte, objektive (unsentimentale) Interpretation hündischer Verhaltensweisen uns enorm hilft, das Leben unseres Hundes so zu gestalten und zu regulieren, dass er unproblematisch in einer für ihn klar erkennbaren Rudelordnung vertrauensvoll leben kann.
Geklärte Verhältnisse, Verständnis, Akzeptanz hündischen Verhaltens, unter Berücksichtigung rassespezifischer Eigenschaften, möglichst ist artgerechte Erziehung und Beschäftigung innerhalb der Familie (und deren Haushalt) sowie in seinem Lebensumfeld sind die Basis für einen umweltsicheren, verträglichen und kontrollierbaren Familienhund.
Die Erkenntnisse der Verhaltensforschung lehren uns zu dem (sofern wir nicht allzu Harmoniesüchtig sind), dass Hunde weiß Gott keine „Friedensfähnchen-schwenkenden-immer-nur-liebe-Wesen" sind, die den ganzen Tag seligsüß beschwichtigend umherlaufen und deren Alphatiere vom

Alphahügel aus ihr Rudel mit Leckerlies bewerfen, um diese positiv zu bestärken und an sich zu binden.
Nein, so sind sie nicht.
Hunde sind Tiere mit sehr komplexem Verhalten, hervorragenden Talenten und einer sehr großen Ausdrucksvielfalt, mit der sie ihre Gestimmtheiten und Absichten mitteilen können. Sie zeigen Verhaltensweisen innerhalb und außerhalb ihres Rudels, dass dem Verhalten und den Stimmungen der Menschen mitunter sehr ähnlich ist.

Wir als intelligentere Wesen haben daher, wie ich finde, die Verantwortung dieses mittlerweile bekannte Wissen über Hundeverhalten auch ins tägliche Leben mit unserem Hund einfließen zu lassen. Auch wenn es zunächst Mehraufwand bedeutet, sich mit den „Gedanken" und „Gefühlen" des Hundes auseinander zu setzen, um den Ursachen von Problemen oder Missverständnissen auf den Grund gehen zu können. Wir sind es ihnen in Konfliktfällen schuldig, die Ursachen zu ergründen und nicht nur die uns lästigen Symptome zu unterbinden. Es darf meiner Meinung nach heutzutage nicht mehr nur darum gehen, dass der Hund mittels Leckerlies oder Gewalt (Schmerz) perfekt zu funktionieren hat, sondern dass er in einer harmonischen, geklärten, stabilen Beziehung unter Berücksichtigung seiner individuellen (und rassespezifischen) Eigenschaften mit seinen Menschen und in seinem Umfeld ausgelastet und respektiert lebt.

Dazu reicht keinesfalls die immer gleiche Runde um den Block oder der immer gleiche Gang zur Hundewiese an der Flexileine. Es genügt kein ausschließliches, eintöniges Bällchen oder Stöckchen werfen, mit der „Begleiterscheinung" Besitzer: körperlich anwesend – geistig abwesend.

Genauso wenig Sinn macht es, einen Hund mittels permanenter Leckerliegabe bei erwünschtem Verhalten immer von seinen „Marotten" abzulenken oder ihn permanent zu bespaßen.
Stattdessen müssen wir ihm eine reglementierende und fantasievolle Erziehung mit klaren Regeln und interessanter Beschäftigung angedeihen lassen. Er braucht Zeit mit uns und Zeit für sich.
Zugegeben, das ist viel anstrengender! Und geht vielen Menschen nicht schnell genug. Zwei Faktoren, die nicht wirklich dem heutigen Zeitgeist entsprechen. Ruhe, Geduld und Friedfertigkeit sind nicht gerade die Stärken der Menschheit von heute. Für Hunde in der Haltung und Erziehung aber unerlässlich, wenn es nicht zu Problemen und Frustration kommen soll. Wir sind es ihnen schuldig. Wir tragen die Verantwortung.
Und wir dürfen dabei nie vergessen, dass der Hund sich auch immer durch Eigenschaften und Charakterzüge auszeichnet, die nicht unserem Wunschbild von unserem Traumhund entsprechen.
Dies mit aller Gewalt herstellen zu wollen ist unfair und unrealistisch.
Man muss im Leben immer wieder zu Kompromissen bereit sein. Auch im Zusammenleben mit einem oder mehreren Hunden.

Unterschiedliche Sichtweisen

Positive Bestärkung für richtiges Verhalten ist an und für sich nicht schlecht, sondern im richtigen Moment enorm wichtig. Es bedeutet aber nicht, dass alle hündischen Verhaltensweisen immer nur durch Futterbelohnung umgelenkt und damit unterdrückt werden dürfen, nur weil sie uns nicht gefallen. Es ist vor allem völlig unnötig alle notwendigen Trainings- und Erziehungsmaßnahmen über Futtergabe zu steuern. Positive Bestärkung hat nichts mit Fressen zu tun, auch wenn es zunächst als der einfachere Weg erscheint. Wie schnell sind Hundetrainer/innen und Hundehalter dabei „störendes" Verhalten durch Umlenkung mittels Leckerlie abzustellen. Der kurzfristige Erfolg scheint Ihnen Recht zu geben. Aber wie sieht es mit der Langfristigen Veränderung aus? Wenn wir alles Mögliche, was unser Hund an Verhalten zeigt, nicht dulden wollen, und uns vieles an ihm stört, was bleibt ihm dann? Das Leckerlie ist schnell geschluckt, und dann?
Was bieten wir ihm für Alternativen in seinem Alltag, die ihm etwas bringen? Die ihn derart befriedigen, so dass unerwünschtes Verhalten aufhört.
Und was ist mit den vielen Hunden, denen Futter im Außenbereich egal ist? Oder die viel zu nervös sind, um draussen Leckerlies anzunehmen?
Auch diese Hunde kann man für gute Leistungen motivieren und belohnen. Aber bitte so, dass es für den Hund eine Freude ist. Setzen Sie sich selbst als Motivator ein und nicht das Futter. Bringen Sie ihn durch Mimik und Stimme in einen positive Stimmung.

Oft höre ich Hundebesitzer sagen: „An meinem Hund stört mich, dass er immer so zieht, immer die Nase am Boden hat, Menschen anspringt, andere Hunde am Hintern riecht,

an Hundehaufen schnuppert, so weit weg rennt, nicht gleich kommt, wenn ich rufe, dauernd im Haus kläfft, wenn er etwas hört." usw. usw.
Ich wüsste zu gerne, was betreffender Hund seinem Menschen dann am liebsten um die Ohren hauen würde, was ihn schon lange an seinen Menschen so alles stört.
Hunde tun das übrigens öfter als man denkt, nur eben mit den ihnen gegebenen Möglichkeiten. Man muss es nur „hören". Ich kann mich immer ausschütten vor Lachen, wenn ich dabei sein darf, wie ein Hund seinem Besitzer, meist absolut zu recht, eine Standpauke hält. Und wenn ich dem Besitzer dann die Sichtweise, die Begründung der Standpauke seines Hundes erläutere, sagen die meistens: „Stimmt. Eigentlich hat er ja recht."

Der Hund als Rudeltier (heute mit den Ersatzmitgliedern Mensch lebend) wurde vor Tausenden von Jahren domestiziert. Von unseren heutigen Hunderassen sind einige ein paar Jahrhunderte alt und andere wenige Jahrzehnte jung. Ihr wölfisches Erbe ist noch in Bruchteilen, aber dennoch vorhanden. Und das darf und kann man nicht verleugnen.
Wie in einem Rudel unter Artgenossen, benötigen sie einen klaren, geregelten Rahmen, in dem sie sich entfalten können, aber dennoch kontrollierbar sind.
Womit ich um Himmelswillen nicht sagen will, dass der Mensch gegenüber seinem Hund als Alphatier fungieren soll. Das ist schlicht nicht möglich und nicht nötig.
Den Hund bei jedem unerwünschten Verhalten zu „dominieren", permanent „sprachlos" zu bedrängen, dauernd mit Gegenständen zu bewerfen, um ihn zum „Kuschen" zu bewegen, ihn mittels Schmerzeinwirkung zu brechen oder immer wieder mal mittels Alphawurf zu knechten, um ihn gefügig zu machen, wie uns einige ewig Gestrige leider immer noch weismachen wollen, ist schlichtweg in meinen Augen

Tierquälerei. Aber leider sterben diese Machtbesessenen nicht aus, die es geil finden, ein schwächeres Wesen völlig unter Kontrolle zu haben. Möchtegern-Alphatiere, die die Rolle des „Chefs" einfach nur missbrauchen, um sich selber zu profilieren.
Die These: Hund braucht Alpha und Alpha ist Despot - ist lange überholt.
Zu glauben mit Hunden müssten man „sprachlos" kommunizieren und ihn oft und lange ignorieren, sei hier erwähnt, ist ebenso völlig falsch und keinesfalls hundgerecht.
Hunde erlernen unsere Hörzeichen, genauso wie unsere Sichtzeichen, die wir dann je nach Sicht oder Gehör einsetzen können. An unserer Stimme versuchen Sie Stimmungen zu erkennen, auf unseren Blickkontakt legen sie zur Abstimmung genauso viel Wert, wie bei Artgenossen und unsere Körpersignale und Gesten interpretieren Sie auf ihre Weise. Sie suchen einen kompetenten „Chef" und keinen Despot.
Durch Rudelbeobachtungen bei Wölfen, wie bei Hunden, ist mittlerweile bekannt, dass die wirklichen (oft weiblichen) Alphatiere ihre Rolle nicht mit Machtbesessenheit und sinnloser Gewalt ausleben, sondern als Souverän die Verantwortung für ihr Rudel tragen. Es geht dabei unter anderem um:
- Sicherung von Ressourcen
- Fortpflanzung
- Klärung von Rangfolge
- Absicherung des Rudels gegen Eindringlinge
- Gefahrenabwehr
- Erzieherische Maßnahmen sowie
- Schadensbegrenzung bei aufkommenden Streitigkeiten, um nur einige, wichtige Punkte aufzuzählen.
Wirklich souveräne Tiere setzen dafür ihre „Macht" ein, ohne sie zu missbrauchen.

Dies alles dient immer der ganzen Gruppe.
Es geht im Großen und Ganzen nicht um Einzelinteressen, sondern um den Erhalt der Gruppe: soziale Kompetenz zum Wohl des Rudels. Wobei Wolfsrudel und Rudel verwilderter Haushunde sich in einigen Verhaltensweisen, sicherlich bedingt durch die Domestikation des Hundes über Jahrtausende, durchaus unterscheiden.

Hunde wissen genau, dass wir keine Hunde sind, da wir uns in vielerlei Hinsicht zu sehr unterscheiden und nur wenige Handlungen oder Interessen in unserem Tagesablauf denen unseres Hundes gleichen.
Wir verzichten beim Gassigehen auf das Markieren (bis auf einige notwendige Bedürfnisse), verzichten auf das Buddeln, Schnuppern, Wälzen, Jagen, Abfallfressen, Artgenossen am Hinterteil schnuppern uvm.
Dieser Verzicht fällt sicherlich jedem Hund in der Zeit seiner Eingewöhnung bei seinen Menschen auf, denn sie beobachten uns sehr genau.
Zu Beginn mag er erstaunt sein, mit der Zeit gewöhnt er sich daran, wundert sich aber sicherlich Zeit seines Lebens über unser stetes Desinteresse oder widersprüchliches Verhalten an diesen für ihn super interessanten, den Alltag beherrschenden, „lebensnotwendigen" Themen.

Leider interpretiert so mancher Hund unseren Verzicht oder unsere Unentschlossenheit (in den für ihn ganz speziellen, elementar wichtigen Lieblingsthemen) als Schwäche, Unterlegenheit oder Unterwürfigkeit. Er übernimmt fortan mutig oder zögerlich, je nach Typ, die Rolle des Leittieres in den für ihn wichtigen Themen und Situationen. Nach und nach baut der Hund dieses „Machtimperium" in immer mehr Bereichen unseres täglichen Zusammenseins aus:
„Ich will - ich tue - ich bestimme - ich manipuliere. Ich!"

Ein oftmals schleichender Prozess, den viele Hundebesitzer zunächst nicht wahrnehmen. Aber nur einzelne Verhaltensauffälligkeiten, die eben wieder nur den Menschen stören und lästig sind, werden bemängelt. Nur ein Puzzleteil, das auffällt. Ein Puzzle besteht aber aus vielen Teilen.

Trotz der recht großen Unterschiede in unserem gemeinsamen täglichen Leben betrachten Hunde uns (sein Ersatzrudel Familie) als eine Art Sozialpartner einer anderen Spezies, mit denen es sich im Großen und Ganzen gut leben lässt. Denn unsere Familienstruktur, die Art und Weise, wie wir in sozialen Gruppen miteinander und füreinander leben, ähnelt in seiner sozialen Struktur keinem anderen Lebewesen so sehr, wie dem der Wölfe.

Sicher haben die verschiedenen Hunderassen schon allein durch züchterische Einflussnahme keinesfalls mehr die Ausdrucksvielfalt und Unabhängigkeit, die ihre Vorfahren, die Wölfe, auch heute immer noch haben. Trotzdem haben unsere heutigen Haushunde es verdient, als hundeartige Raubtiere (Caniden) betrachtet, beobachtet, behandelt und geschätzt zu werden, anstatt als haarige Familienmitglieder ein Dasein als „Ersatzkind" zur gelegentlichen Beschäftigung zu fristen, nur zur Befriedigung egoistischer Bedürfnisse, Auffüllung sozialer Defizite, als Kinderspielzeug oder als Schmusetier herhalten zu müssen.
Auch haben sie es keinesfalls verdient, als überfordertes Sportgerät ehrgeiziger und profilneurotischer Selbstdarsteller zu dienen.
Fast alle Hunderassen sind ehemals Nutztiere gewesen und haben auch heute noch viele Anlagen und Talente, die ein hundeartiges Raubtier zum Überleben brauchte oder mit denen es als Jäger, Wächter, Treiber etc. dem Menschen zuarbeiten durfte.

Hunde wurden und werden seit Jahrtausenden durch natürliche Selektion (Überleben durch Anpassungsfähigkeit im Umfeld der Menschen/der Region/des Klimas), durch gezielte Reproduktion (Einfluss des Menschen durch gezielte Verpaarungen), gezielte Selektion (Auswahl der zu verpaarenden Tiere zur Umsetzung eines gewünschten Zuchtzieles) unter anderem auch in einem sehr jugendlichen Status gehalten.
Ohne dieses juvenile Verhalten (Spieltrieb, Zutraulichkeit, Anpassungswilligkeit, Neugierde usw.) wäre die Domestikation /Haustierwerdung) gar nicht möglich gewesen, die dem Menschen also nützlich war und ist.
Und dennoch, trotz ihres jugendlichen Verhaltens bringen Hunde ihre Sichtweise und Ansprüche über das Leben im Ersatzrudel Familie in unser Zusammenleben mit ein. Sie bringen ihr hündisches Canidenverhalten, ihre Anpassungsfähigkeit, ihre Erwartungen und ihr Rudelverhalten mit in unser tägliches Miteinander. Sie leben und kommunizieren mit uns durch ihr faszinierendes, reichhaltiges Kommunikationsrepertoire in Körpersprache, Mimik sowie optischen und olfaktorischen (Geruch-) Signalen. Und sie versuchen diese Kommunikation, außer natürlich bei ihren Artgenossen, auch tagtäglich bei Mann, Frau oder Kind anzuwenden.

Dieses Kommunikationsrepertoire besteht übrigens keinesfalls nur aus Beschwichtigungssignalen, wie es uns mit den trendigen „Erziehungsmethoden" weisgemacht werden soll. „Calming signals" heißt übrigens, sei in diesem Zusammenhang erwähnt, richtig übersetzt Beruhigungssignale und nicht Beschwichtigungssignale. Diese Fokussierung auf Beschwichtigung zieht leider oft Fehlinterpretationen nach sich.
Dieser Unterschied zwischen Beruhigen und Beschwichtigen ist erheblich. Beruhigungssignale werden von den

Überlegenen den Unterlegenen signalisiert. Beschwichtigungssignale werden von den Unterlegenen den Überlegenen signalisiert sowie auch durch Gegenstände oder Situationen, die Unsicherheiten vermitteln, ausgelöst.

Die Ausdrucksmöglichkeiten der Hunde umfassen aber noch sehr viel mehr differenzierte Signale/Gesten/Laute, durch die sich das Individuum Hund ausdrücken und seine Gestimmtheiten mitteilen kann. Spontane, authentische oder übertriebene Freude, Neugierde, Frust, Stress, Angst, Aggression, Angstaggression, Dominanz (Selbstbewusstsein), Unterwürfigkeit, Unsicherheit, Eifersucht, Zuneigung, Abneigung, Spieltrieb, Sexualtrieb und noch viele, viele weitere Empfindungen,
Absichten oder Stimmungen werden mitgeteilt. Ausgedrückt in sichtbaren und hörbaren Signalen, die für ein funktionierendes Zusammenleben von Sozialpartnern einfach wichtig sind, die das Vertrauen stärken und den Verbleib in der Gruppe ermöglichen.

In diesem Zusammenhang sei erwähnt, dass im Hundeverhalten selbstverständlich auch die aggressive Zurschaustellung und Auseinandersetzung vorkommt, die aber nicht automatisch mit „beschädigendem Beißen" gleichzusetzen ist. Aggressionen gehören im Leben eines Hundes genauso dazu, wie sie im menschlichen Alltag vorkommen. (Man denke nur mal an die gereizte Stimmung an vollen Kassenwarteschlangen im Supermarkt, dem täglichen „Krieg" auf der Autobahn oder ein Fußballspiel nebst Zuschauer.)

Die „moderne" Masche der Hundetrainer/innen, und wie sie sich sonst noch nennen, immer alles zu ignorieren, was als Fehlverhalten gilt (auch aggressives Verhalten) kann daher zu schlimmsten Attacken und Fehlleitungen des Hundes

führen. Wenn zum Beispiel zur Gefahrenvermeidung in einer zugespitzten Situation dem Hund absichtlich und aus falsch verstandener Tierliebe (leider) keine Grenzen gesetzt werden, wie es unter Hunden aber selbstverständlich geschehen würde.
Ach, Sie glauben mir nicht? Dann nehmen Sie sich bitte ein paar Stunden Zeit, viele verschiedene, sozialverträgliche Hunde in freilaufenden Hundegruppen zu beobachten, um sich umfassende, faszinierende Einblicke zu verschaffen. Hunden beim freien „Spiel" aufmerksam zuschauen, so wie ich es gemacht habe, das lehrt, wie Hunde sind.

Aber leider sind viele Hundebesitzer an der täglich angesteuerten Hundewiese leider nur in Gespräche mit anderen Hundebesitzern vertieft, anstatt sich für das faszinierende Verhalten ihrer „besten Freunde" wirklich zu interessieren. Sonst hätten sie schon viel früher gemerkt, dass Hunde im eigentlichen Sinne selten spielen, sondern sich in einem immerwährenden Wettstreit, mal mehr mal weniger heftig, befinden. Und sie hätten auch bemerkt, dass ihr Hund Blickkontakt aufnimmt, um Unterstützung zu bekommen, wenn's brenzlig für ihn wird oder sich damit absichert, dass sein Mensch ihn nicht stört, wenn er so richtig Spaß am mobben bekommt. Und wenn Hund merkt, dass der Blickkontakt zu seinem Menschen nicht zustande kommt oder ignoriert wird, unterlässt er es zukünftig ihn zu „fragen". Auch das ist eine Möglichkeit, die Beziehung zum eigenen Hund zu verschlechtern.

Wenn die Erziehungstheorie „Fehlverhalten immer ignorieren" korrekt wäre, wie bitte schön erklären diese Personen dann der älteren Dame, dass sie nicht eingreifen, obwohl sich ihr Hund in deren kleinen, alten Pudel oder das Enkelchen verbissen hat?

Sagen die dann auch: „Oh je, tut mir leid, aber Fehlverhalten muss ich ignorieren?"
Oder „ Ach, lassen Sie mal, das machen die schon unter sich aus?"

Ebenso unrealistisch ist es, wenn diese Personen durch die Aufzählung etlicher Beschwichtigungssignale die Kommunikation von Hunden auf das immer nur beschwichtigende „Friede-Freude-Eier-Kuchen-Hundchen" reduzieren und verharmlosen wollen. Auch das wird Hunden keinesfalls gerecht, ist viel zu einseitig.
In den meisten Fällen übrigens würden wir unsere Hunde durch unser Ignorieren zum falschen Zeitpunkt auch schlichtweg im Stich lassen. Jawohl, im Stich lassen.
Denn wir sind ab dem Tag ihrer Übernahme ihre Ersatzeltern, für ihr Wohlergehen und für ihr Verhalten verantwortlich, in guten wie in schlechten Zeiten. Wir sind verantwortlich für Kontrolle und Schutz, auch in stressigen Situationen. Wenn wir unsere Hunde, die uns sonst immer gehorchen sollen, in Notfällen im Stich lassen, wie sollen sie uns dann bitte vertrauen können?
Was ist denn das um Himmels Willen für ein Leittier?

Leittiere – Souveräne – mischen sich immer dann ein, wenn es um die Sicherheit des Rudels oder einzelner Rudelmitglieder geht. Auch um Rudelmitglieder (oft zu deren eigenem Schutz) zurechtzuweisen, um Situationen zu deeskalieren. Und das tun sie nicht immer zimperlich! Sie sind nicht höflich, aber dadurch super im Schadensbegrenzen, zum Wohl der Gruppe.
Sie reagieren schnell, authentisch und „gut ist – Basta"!
Danach geht's zurück zur Tagesordnung, ohne schlechtes Gewissen oder beleidigt sein. Die Ordnung ist wieder hergestellt.

Die Verleumdung der Realität und die Weigerung einiger „moderner" Hundetrainer/innen, Hunden dieses notwendige, disziplinäre und autoritäre Verhalten (im Interesse der Konfliktvermeidung) zuzugestehen sowie die Scheu davor, Hunden im Notfall auch autoritär entgegen zu treten, führt schließlich zu antiautoritärer Behandlung des Hundes. (Diese war auch schon bei den Menschenkindern nicht wirklich erfolgreich, oder?)
Durch die (militante) Harmoniesucht einiger Menschen, die diese Thesen gegenüber anders denkenden Menschen oft erstaunlich aggressiv vertreten, und die partout nicht wahrhaben wollen, wie Hunde wirklich sind, werden diese Menschen dem vielseitigen, hochsozialen Hund einfach nicht gerecht. Nein, sie schaden ihm dadurch. Sie verhindern ein „artgerechtes" Leben, das an sich schon schwer genug zu realisieren ist.
Schauen wir doch einfach mal genau hin, wie Hunde handeln, anstatt ihnen unser Wunschverhalten aufzuzwingen, nur weil es uns so schön in den Kram oder in den momentanen Trend passt.
Durch das längere Zusammenleben mit seinem Hund ist der Mensch leider sehr schnell geneigt, den Hund als vollwertiges Familienmitglied zu betrachten und auch - zu menschlich - zu behandeln. Ein Hund, der mit immer ganz lieben, nachgiebigen Menschen zusammen lebt, kann diese im schlimmsten Fall als schwache Wesen empfinden und handelt dementsprechend opportun.
Durch zuviel Liebe oder Mitleid, Nachsicht und Inkonsequenz kann es zu einer vermenschlichten Hundehaltung kommen, was den Hunden das Leben an der Seite seiner Menschen enorm erschwert.
Die daraus resultierende Übernahme der Kontrolle und Verantwortung für sein Rudel (Familie) gipfelt bei den meisten Hunden in Überforderung und wird dann durch übersteiger-

tes aggressives Verhalten, Stresssymptome, starke Ängste, nervende Macken, unkontrollierbares Verhalten und auch Krankheiten deutlich.

Die Ursachen, sprich die eigenen Fehler, erkennt der/die Hundebesitzer/in oft nicht. Von für ihn angenehmen Ritualen des Zusammenlebens verabschiedet er nur sich nur ungern. Er glaubt, sein Einsatz, sein Engagement seien ausreichend. Er glaubt, im Großen und Ganzen alles richtig zu machen. Er bemerkt nur die Macken, ihn stört das Pöbeln, das Leinengezerre, die Hysterie, wenn Besuch kommt, das Abfallfressen und so weiter. Er macht die schlechte Kinderstube, ein unbekanntes Trauma, eine misslungene Hundebegegnung dafür verantwortlich – nur nicht sich selbst. Die störenden Macken gilt es dann schnellst möglich abzustellen. (Heute muss immer alles schnell gehen und billig sein.) Ein schweres Los für die betroffenen Hunde. Trotz all dieser möglichen auch unabsichtlichen Fehler in Haltung und Erziehung erwarten die Menschen, dass Hunde in unserer hektischen, stressgeplagten und zum Teil aggressionsgeladenen, reizüberfluteten Umwelt stets freundlich, gehorsam, unaggressiv und angepasst sein sollen. Ein Hohn.

Hunde zeigen uns immer wieder, dass sie, trotz ihrer enormen Anpassungsfähigkeit, unter eben diesen Lebensbedingungen auch sehr leiden. Hunde sind von Natur aus sehr viel weniger hektisch oder aggressiv, als wir ihnen unterstellen oder wozu wir sie durch unser Verhalten oftmals bringen. Hunde sind eher ruhig und gelassen, wenn man sie nur mehr Hund sein ließe. Betrachten und behandeln wir den Hund doch bitte wieder als Tier und zwar mit allen Konsequenzen, die es mit sich bringt, wenn man den Hund Hund sein lässt. Mit all seinen Fähigkeiten und den für uns daraus resultierenden Pflichten, die mit der Anschaffung eines Canis lupus familiares auch einhergehen.

D.h. nicht, dass alle Hundebesitzer alles falsch machen und ich Ihnen hier einen Rundumschlag verpassen möchte. Was ich mit diesem Buch erreichen möchte ist, dass die Menschen, die sich wirklich für Hunde und Hundeverhalten interessieren, bereit sind sich einmal auf die andere Seite zu denken und ihre Aktionen, Umgangsformen, Erwartungen, Handlungen, Verhaltensweisen, Denkansätze oder Schwächen zu überprüfen oder in Frage zu stellen, wenn es „Probleme" oder Missverständnisse gibt.
Viele unserer Handlungen sind emotional nachvollziehbar - für Menschen, nicht für Hunde. Viele unserer Reaktionen auf hündisches Verhalten sind absolut subjektiv, menschlich verständlich, aber für Hunde oftmals verwirrend.
Durch die oft überhebliche Denkweise von Menschen, die immer genau zu wissen meinen, was ihr Hund denkt oder „sagt", die immer zu wissen glauben, was gut und richtig für ihre Hunde ist, nur weil sie selber dies oder das als gut und richtig empfinden, entstehen viele kleine und große Missverständnisse, Ungereimtheiten und viele Ungerechtigkeiten. Sie stülpen ihr menschliches Denken stets über die Wünsche und Empfindungen ihrer Hunde. Welche Anmaßung.
Das erstaunliche aber an Hunden ist, dass sie trotz allem eine so ungeheure Geduld mit der Spezies Mensch haben und sie uns (meist) immer wieder ihr Vertrauen und ihre Aufmerksamkeit schenken.
Darin sind sie für mich ein enormes Vorbild und werden es auch immer bleiben. Ihre Toleranz, unsere „Macken" auszuhalten kann enorm groß sein. Ihre Anpassungswilligkeit unsere Fehler zu ertragen, ist aber leider auch ihr Problem. Sie sind (unterschiedlich) stark abhängig vom Menschen. Und das ist auch wiederum der Grund, warum wir eine so große Verantwortung für ihr Wohlbefinden haben.

Hund ist nicht gleich Hund

Oktober 2009. Während ich auf dem Sofa sitze und in meinen Laptop tippe, schnarcht selig und süß meine fast vierzehn Jahre alte Welsh-Terrier Hündin Biene neben mir auf dem Sofa.
Ja, richtig auf dem Sofa!
„Aber Moment", werden Sie jetzt vielleicht denken, „ich dachte, Hunde dürfen nicht auf das Sofa?"
Ja und Nein.
Es ist mit diesem Thema, wie mit so vielen, vielen Aspekten im Zusammenleben mit unseren Hunden. Es trifft nicht immer alles auf alle zu. Hunde sind genauso individuell zu betrachten wie wir Menschen.
Was ich damit sagen möchte:
Wenn ein Hund dieses Privileg, auf dem Sofa und im Bett schlafen zu dürfen, nicht ausnutzt (soll heißen den erhöhten Platz nie gegen mich und andere verteidigt oder sich anderweitig flegelhaft verhält), soll er sich es dort doch gemütlich machen. Ich finde es kuschelig und Biene respektiert mich trotzdem. Viele Hunde sind so.
Willi - unser dreijähriger Airedale-Terrier Rüde - darf das nicht. Es gibt Privilegien, die dieser Hund schamlos ausnutzen würde, wenn auch nicht aggressiv. Aber er würde, wie die meisten seiner „Kollegen", seine zwei- und Vierbeiner im Haushalt und draußen überhaupt nicht mehr ernst nehmen, sich völlig unverschämt oder flegelhaft aufführen. Er braucht eben ein etwas „geregelteres" Leben.
Wenn er die „Feldherrenhügel" (Couch oder Bett) mit den anderen Familienmitgliedern teilen könnte, hätte ihm keiner mehr wirklich etwas zu sagen.
Sie können dadurch eine schleichende „Machtübernahme" übrigens an ihrem eigenen Hund testen. Innerhalb von 3 - 4 Tagen des Verwöhnens (zum Beispiel wenn Hunde krank

sind) reagieren solche bezaubernden Egoisten nach ihrer Genesung mit völliger Verselbständigung, besonders in den für uns wichtigen, entscheidenden Momenten. Leider nutzen die meisten Hunde (auch ganz ohne Krankenstand) auf diese Weise die ihnen im Haushalt zugestandenen Privilegien, wenn sie zu sehr verwöhnt werden, aus.
Sie „bedanken" sich für die erlebte Großzügigkeit und die Inkonsequenz bei ihren Besitzern (besonders auch im Außenbereich) mit zunehmend unkontrollierbarem Verhalten.
„Zu Hause ist er ja soooo lieb. Und eigentlich kann er ja das HIER schon. Aber wenn er einen Hund sieht, dann haut er halt doch ab. Er will doch so gerne spielen."
Dieser Hund hat gelernt, sich ganz gezielt „die Rosinen rauszupicken".

Den meisten Menschen ist dieser direkte Zusammenhang von Ursache (Verwöhnen und Inkonsequenz) und Wirkung (Probleme mit dem „Gehorsam") nicht bewusst. Manche Menschen möchten allerdings auch aus rein egoistischen Gründen nicht wirklich wahrhaben, was da zu Hause abläuft. Denn die Veränderungen, die man dann einleiten muss, treffen eben nicht nur den Hund, sondern verlangen eventuell besonderen Verzicht auf so manch lieb gewonnene Gewohnheiten – von uns! Die oft nichts anderes bedienen als die Befriedigung rein egoistischer Bedürfnisse.
Die notwendigen Veränderungen erfordern Disziplin und Konsequenz vom Menschen, je nach Hund mehr oder weniger intensiv.
Die Intensität dieser Veränderung/Führung/Haltung ist immer individuell zu entscheiden – je nach Hund (Rasse, Mischung, Alter, Charakter, Intelligenz, Prägung usw.) und eben nicht danach, wie bequem und einfach wir es gerne hätten.

Daher kann es sein, dass es beim einen Hund mit dem „Gehorsam" trotz inkonsequenter Haltung klappt und bei einem anderen Hund keinesfalls.

„Gehorsam" schreibe ich deshalb in Anführungszeichen, weil ich darunter keinen Kadavergehorsam oder perfekt umgesetzte Kommandos verstehen möchte.

Viel mehr geht es mir um die Strukturen, die wir dem Hund bieten müssen, damit er sich in der Familie an Regeln hält, die ihm zu einem sicheren und freien Leben in seiner Familie (Gruppe) und im Außenbereich verhelfen können.

Dabei geht es nicht um meisterschaftsverdächtig exakt ausgeführte Sitz- oder Platz- oder sonstige „Kommandos", sondern darum, dass der Hund „seinen" Menschen akzeptiert und nicht diskutiert oder ignoriert.

Der Hund darf nicht gegängelt oder schikaniert werden, sondern soll lediglich wissen, wer das letzte Wort hat. Wer selbstbewusster ist, seinen Willen durchsetzen kann (am besten durch Sturheit), der gewinnt. Das ist die Rolle des Leittieres - unsere. Eine kurze Zurechtweisung – ehrlich, authentisch, aus dem Bauch heraus - falls notwenig, kann dabei durchaus ab und zu angebracht sein. Und es führt keinesfalls zu einem derzeit leider oft fälschlicherweise ins Spiel gebrachte Trauma. Aber der Mensch muss seinem Hund auch immer genügend Freiraum lassen, sich entfalten zu können. Er muss auch mal Ruhe vor uns und unseren oft unüberlegten oder unangebrachten „Kommandos" haben.

Sie haben es sicherlich doch schon selber oft erlebt, dass ein Hund an einer Spielwiese abgeleint wird, zum toben mit den Kumpels davonrast und der Besitzer binnen 30 Sekunden das erste Mal den Hund beim Namen ruft. Warum? Es macht keinen Sinn. Wir zeigen durch solches Verhalten keine Souveränität, sondern im höchsten Grade Unsicherheit. Wieder ein Grund, warum sich Hunde oft überlegen fühlen.

Wie schon erwähnt: Hunde wissen, dass wir keine Artgenossen sind. Dazu unterscheiden wir uns in zu vielen Verhaltensweisen.
Aber sie leben in unserer Familie/ihrer Gruppe nach den ihnen eigenen, hündischen Interessen, Strukturen, Hierarchien und Regeln. Sie versuchen Rudelordnung bei uns zu leben. Sie fragen nach Regeln, was ihre Menschen oftmals nicht „hören" (sehen) und viele von ihnen legen selber Regeln fest, wenn sie bei uns keine finden, um ihre Kompetenz und Führungsposition auszubauen.
Sie fragen nach Entscheidungen und entscheiden selbst, wenn wir keine oder halbherzige Entscheidungen fällen.
Sie sind im Gegensatz zu uns immer konsequent - auf ihren Vorteil bedacht. Zunächst - meist ganz bezaubernd, sind sie, mit sich steigernder Qualität, früher oder später bereit, die eigenen Interessen gegebenenfalls auch aggressiv durchzusetzen.

Dieses verselbständigende, expandierende Verhalten birgt besonders im Außenbereich Gefahren für ihn und andere, wenn der Hund nicht kontrollierbar ist, aber z.B. trotzdem frei herumläuft.
Es kann aber auch schon im Haushalt zu großen Problemen führen, wenn er sich nach und nach als Haustyrann entpuppt.
All diese Entwicklungen sind möglich, nicht zwangsläufig. Hund ist eben nicht gleich Hund. Auftreten, Form und Qualität dieser Entwicklungen ist immer individuell und nicht zwangsläufig.

Mensch und Hund im Dialog

„Warum verstehen Menschen ihre Hunde eigentlich so oft so falsch?", fragt Willi und beobachtet vom Boden aus, wie meine Finger über die Tastatur huschen.
„Weil sie glauben, immer zu wissen, was wir fühlen und uns dann nicht fragen, ob es zutrifft. Sie schließen von sich auf andere oder überlegen nicht, was in einem Hundekopf tatsächlich vor sich geht.", seufzt Biene schläfrig von der Couch, ohne dabei die Augen zu öffnen.

Biene und Willi sprechen?!
„Na super" werden Sie jetzt denken. „Was ist denn das für ein Blödsinn?"
Nein, natürlich können beide nicht wirklich verbal reden. Aber stellen wir uns doch einfach mal diesen himmlischen Zustand vor. Mit unseren Hunden tatsächlich wortwörtlich reden zu können. Es wäre bestimmt nicht immer nett, was wir zu hören bekämen, aber sicher hörenswert. Und damit Sie sich vorstellen können, welch erstaunliche Erkenntnisse der Hundehalter erlangen könnte, möchte ich Ihnen in diesem Buch Denkweisen, Erwartungen, unterschiedliche Reaktionen, Be- und Empfindlichkeiten sowie viele Signale der Kommunikation unserer Haushunde durch unterhaltsame Dialoge näher bringen. Ich lasse daher auch die Hunde zu Wort kommen, übersetze ihre Gedanken, Gefühle und Argumente und füge die passenden Körpersignale und Gesten dazu. Sie werden Ihren eigenen Hund nach der Lektüre bestimmt besser verstehen, lesen und hören können.

Diese Art, den Hundebesitzern in meinen Unterrichtsstunden (zugegeben manchmal sehr salopp, direkt, aber auch humorvoll) zu übersetzen, was, wie und warum ihr vierbeiniger Freund gerade diese oder jene Botschaft signalisiert,

dieses oder jenes Verhalten zeigt, hilft Hundebesitzern eben wegen dieser ungewöhnlichen Art und Weise.
Die Botschaften von Sender und Empfänger werden viel schneller klar und deutlich.
Die Verständigung miteinander und die Beziehung zueinander kann so optimiert werden.
Durch Erläuterung hündischer Sichtweisen und Handlungen, Übersetzung der Kommunikation mit unseren Hunden und von Hunden untereinander, konnte ich vielen Hundefreunden helfen, ihren Hund - oft auch erst nach jahrelangen Missverständnissen - viel besser zu verstehen!

Das Ganze hat natürlich einen ernsten Hintergrund, aber warum sollte es nicht auch humorvoll und trotzdem lehrreich sein? Wenn wir manchmal über unser Spiegelbild schmunzeln können, eine Kritik durch einen frechen, aber freundlichen Hinweis besser akzeptieren können, dann macht doch die ganze Sache viel mehr Spaß.
Eben wegen der enormen Wirkung dieser meiner ganz eigenen Art „Hunde zu übersetzen" und den Besitzern somit die Augen zu öffnen, wurde ich schon sehr oft gebeten, ein Buch darüber zu schreiben. So habe ich es gewagt. Wenngleich mir dies um einiges schwerer erscheint, als auf der grünen Wiese zu stehen und sofort dolmetschen zu dürfen, was mir die Anwesenden in meiner Hundeschule in ihren „Dialogen" quasi frei Haus liefern. Dort kann ich sofort situativ simultan übersetzen.

Nun kann es sein, dass in der vorliegenden Geschichte viele zu viele Probleme auf einen einzigen Hund projiziert wurden. Aber Benno ist ja schließlich nur der Stellvertreter seiner vielen Kollegen, die eben nie zu Wort kommen oder schlichtweg kein Gehör finden.

Es ist übrigens schon sehr häufig von mir und anderen Anwesenden beobachtet worden, dass ein Hund, dessen Besitzer beharrlich „auf dem Schlauch stand", seinen Hund immer wieder verkehrt, missverständlich behandelte, nach Korrektur seines Herrchens/Frauchens durch mich, (genaue Ausführung einer Handlung oder Geste unter meiner exakten Anleitung) zu mir gelaufen kam, mich an der Hand stupste oder diese kurz ableckte, mir direkt in die Augen schaute und dabei wedelte.
„Bitte, hab' ich gern gemacht", sage ich dann immer zu dem betreffenden Hund und lächle ihn an.
Diese Hunde sagen tatsächlich Danke! Weil sie genau gemerkt haben, dass ihren Besitzern in hündischer Kommunikation erfolgreich Nachhilfe gegeben wurde.
So schlau sind Hunde. Sie sehen und anerkennen, wenn ein anderes Individuum durch Anleitung lernt. Und das ist wirklich in den 12 Jahren meiner Tätigkeit als Verhaltensberaterin (für Hundebesitzer/innen) schon sehr oft passiert und von vielen Menschen schon beobachtet worden.
Eine absolute Gänsehautsituation!

Und da Hunde sehr viel mehr mitbekommen, als Hundehalter manchmal ahnen, lassen wir sie hier weiter zu Wort kommen. Denn ich weiß, dass Sie, - liebe Leser, noch einige Fragen haben und auf Antworten warten.
Nur Geduld, es gibt noch Vieles zu „besprechen".

Chef oder Diener?

„Warum muss man die Menschen eigentlich immer wieder daran erinnern, dass sie unsere Lehrer oder Teamchefs sein müssen?", fragt Biene und leckt sich genüsslich die Vorderpfoten.
„Menschen sind von Natur aus ein bisschen bequem. Sie hoffen, ihr kommt ihren Erwartungen aus Liebe und Dankbarkeit entgegen oder weil sie hin und wieder ein bisschen üben", versuche ich unsere Spezies zu verteidigen. Es klingt irgendwie nicht überzeugend. Biene wirft mir einen kritischen Blick zu.

„Solche Bequemlichkeit wird uns doch aber nicht gerecht? Wir sind vielseitig interessierte Lebewesen. Wir sind Hunde! Es ist doch normal, dass wir in einem Rudel wissen wollen, was wir dürfen und was nicht. Was Tabuzonen sind, welche Regeln gelten und wie weit wir gehen dürfen. Woher sollen wir das denn schließlich sonst wissen, wenn Mama, Papa, Verwandte und Geschwister nicht mehr da sind? Wir probieren immer so viel aus wie möglich, um ein schönes Hundeleben zu haben. Wir haben Instinkte, Talente, von den Eltern und Verwandten ererbtes und erlerntes Verhalten und möchten je nach Rasse oder Mischung bestimmte Tätigkeiten ausüben, um keine Langeweile zu bekommen." Biene liegt in angespannter Köperhaltung auf dem Sofa. Jetzt ist sie hellwach. Ihre großen braunen Kulleraugen schauen mich direkt an. Ihr linkes Auge wird von einer störrischen Locke halb verdeckt.

„Du kannst dich sicher noch erinnern, wie lange es gedauert hat, bis ich aufgehört habe, Rehe und andere Tiere zu jagen? Bis ich akzeptiert habe, dass alle Tiere draußen dir gehören, und zwar alle. Dass diese für mich tatsächlich tabu

sind. War eine verdammt nervige Zeit. Aber du hast dir viel Mühe gegeben. Oja, du hast mir deinen Standpunkt immer wieder enorm entschlossen klar gemacht (ohne mir weh zu tun), mich immer wieder alternativ beschäftigt, weil ich ja eigentlich eine leidenschaftliche Jägerin gewesen wäre. Du hast es mir eben nicht nur verboten, sondern viele andere interessante Sachen mit mir zusammen gemacht. Und ich genieße es seit dem, dass du mir keine doofe Leine mehr anhängst. Aber du hast auch später immer wieder darauf bestanden, dass es so bleibt, egal, wie oft ich in den vergangenen Jahren versucht habe, deine Regeln mal wieder zu durchbrechen.
Ich gebe zu, ich habe es nicht zu oft versucht, weil mein Leben ohne diese Auseinandersetzungen viel angenehmer und bequemer war. Aber es gibt viele Hunde, die nicht so schnell aufgeben, das weiß ich. Bei unserem Willi war es dann ähnlich. Da haben wir dann zu zweit für seine gute Erziehung gesorgt und ich habe dir gezeigt, wie man mit einem solchen Jungspund als Erzieherin wirklich umgeht. Ich habe dich korrigiert, wenn du zu lieb zu dem kleinen Wonneproppen sein wolltest.
Oder wolltest du mich testen?
Du hattest da ja meistens deine Kamera in der Hand und ich musste erzieherisch für dich einspringen. Wolltest du wissen, ob ich es bei ihm genauso mache, wie ich dir schon bei unserer Cindy geholfen habe?"
Sie verstummt und ihre Gedanken schweifen ab. Ich fühle, an was sie gerade denkt.

Sie erinnert sich, als sie selber von Nadja (unserer ersten Airedale- Terrier Hündin), mir und meinem Mann erzogen wurde. Nach Nadjas viel zu frühem, krankheitsbedingtem Tod kam dann Cindy (unsere zweite Airedale Hündin) zu uns. So konnte Biene all ihr Wissen mit meiner Unterstüt-

zung weitergeben, wurde immer besser und souveräner. Leider verstarb auch Cindy viel zu früh und so zog Willi bei uns ein. Mein Mann hatte ihn herausgesucht und wir haben es nie bereut. Und eine der interessantesten Beobachtungen, die wir durch die mehrmalige „Rudeländerung" machen durften war folgende:
Wenn ein junger Hund in eine neue Familie mit gut sozialisiertem Ersthund einzieht, wird er vom „Althund" keinesfalls auf Händen getragen, verwöhnt und verhätschelt.
Und das ist auch gut so.
Der „gemeine Schnösel" (diese herrlich zutreffende Umschreibung stammt von Günther Bloch) wird vom Ersthund völlig unspektakulär, normal behandelt, erzogen, ignoriert, miteinbezogen oder zurechtgewiesen, je nachdem, wie es die Situationen erfordern.
Ganz anders der junge Hund, der alleine in einer neuen Familie super schnell zum absoluten Mittelpunkt der allgemeinen Aufmerksamkeit wird und somit beste Voraussetzungen hat, zu Prinz oder Prinzesschen zu mutieren.

Wir hatten nun aber das Glück immer zwei Hunde zu haben. Und viele Erfahrungen und Erlebnisse innerhalb meines Rudels und in der Arbeit mit den Kundenhunden haben uns enorm zusammengeschweißt. Durch diese Hunde, aber besonders von Biene, habe ich am meisten über Hunde gelernt. Und über mich. So dass ich auch dadurch zu meinem heutigen Beruf gefunden habe, der schon sehr lange mein Herzenswunsch war. Aber das ist eine andere Geschichte.

„Aber du", setzt Biene ihre Rede fort, „unser Mensch, du warst und bist immer unser Lehrer und Teamchef. In Krisensituationen oder Reizsituationen stehst du über uns - ganz klar und entschlossen. Und das ist echt gut zu wissen.

Viele Menschen haben Hunde, aber sie geben sich oft nicht wirklich viel Mühe mit ihnen. Sie erwarten viel und zeigen wenig Einsatz. Was meinst du?" Biene schaut auf Willi herab.
Der Angesprochene liegt mitten im Wohnzimmer auf dem Rücken, alle Viere in die Luft gestreckt. Das macht er gerne. Oft versucht er mich dann mit Brummeln dazu zu bringen, ihn am Bauch zu kraulen. Aber ich gehe nicht immer darauf ein. Denn das ursprüngliche Signal der Unterwürfigkeit, sich auf den Rücken zu rollen, wird gerne auch eingesetzt, um Menschen auf ihre Nachgiebigkeit zu testen. Es gibt ihm das Gefühl, mich manipulieren zu können, wenn es ihm gerade passt. *Komm' Schatzi - mach' mir ein angenehmes Gefühl.*

Aber nein. „Schatzi" ignoriert diese Aufforderung heute mal, weil Willi es ansonsten mit vielen anderen, für ihn interessanten Themen genauso macht, meine Nachgiebigkeit/Inkonsequenz schamlos charmant ausnutzen würde: *Los, stupps, mach' dir Tür vom Futterschrank auf, Herzchen. Hopp, hopp, geht's vielleicht noch ein bisschen schneller?*
Willi neigt, ganz im Gegensatz zu Biene, dazu, den Bogen zu überspannen. Und damit ist er nicht alleine. Das tun viele Hunde, wenn auch nicht alle. Aber wenn sie so veranlagt sind, dann sind sie oft sehr charmant dabei.

Manche Hunde werden mit der Zeit und dem Erwachsenwerden durch die Erfolge ihrer betriebenen Manipulationen allerdings auch skrupellos, rücksichtslos und sogar gefährlich. Hat der Hund zu oft Erfolg damit seine Menschen jederzeit manipulieren zu können (was Menschen oftmals mit Zuneigung verwechseln), macht sich das im Haushalt und

vor allem im Außenbereich, wie bereits erwähnt, sehr deutlich bemerkbar.
Die ständige „Bedienung" (Verwöhnen) des Hundes durch seinen Menschen wird dann in den meisten Fällen im Außenbereich mit Ignoranz des Hundes gegenüber seinen Menschen beantwortet. Wenn wir zu Hause unseren Hund ständig „bedienen", gehorchen wir ihm dummerweise auf's erste Wort. Wir werden sein Diener.
Warum sollte der Hund uns dann noch draußen anerkennen oder respektieren, wenn er gerade mal wieder etwas machen will, was er super toll findet und gewohnt ist, dass wir zu Hause auch immer nachgeben.

Eigentlich erwartet der Hund auch gar nicht, dass wir ihn immer bedienen. Er „fragt" uns zunächst oft, ob es für uns o.k. ist. Und er wird uns, sobald er gemerkt hat, dass es klappt, immer wieder benutzen. Er wird seine Position im Rudel oder unsere Nachgiebigkeit und Zuneigung (in seinen Augen oftmals Schwäche) testen, seinen erhöhten Rang damit unterstreichen und ihn möglicherweise ausbauen. Er erwartet vom Tag seines Einzuges an, dass wir die Regeln, die wir aufstellen auch einhalten. Man kann es bei allen Hunden beobachten, wenn sie ins neue Zuhause einziehen.

Egal, ob ganz junger Hund oder als älter Hund aus „zweiter" Hand, sind sie zunächst sehr zurückhaltend und abwartend. Sie beobachten, checken die Lage, testen Nachgiebigkeit und handeln entsprechend. Hunde haben sehr viel Zeit, uns zu beobachten, und probieren, der eine früher der andere später, wie weit sie mit den einzelnen Personen gehen können.
Willi ist im Antesten und Durchsetzen seiner eigenen Interessen wie die meisten Hunde sehr konsequent bis charmant provokant.

Wollen wir doch mal sehen, wer länger durchhält?
Und Hunde können verdammt stur sein, wenn es darum geht uns „auszusitzen", zu ignorieren oder das Thema zu wechseln, nur um auf ihren Vorteil zu kommen. Worauf man sich bei den meisten Hunden einstellen kann ist die Tatsache, dass sie im Laufe ihres Lebens nicht etwa „vernünftig" werden. Sondern, dass sie immer wieder versuchen, in den für sie wichtigen Themen unsere Geduld und Kompetenz auf die Probe zu stellen. Sie möchten einfach immer nur das Beste - für sich.
Sie sind von Natur aus – meist ganz charmante - Opportunisten. (Kommt mir irgendwie bekannt vor.)

Das Leben in unserer Gruppe (Familie mit Hund) hauptverantwortlich zu regeln ist unser Job. Dazu gehört auch zu berücksichtigen, was für den Hund dabei tatsächlich wichtig ist, um einigermaßen artgerecht leben zu können (bei all seiner Anpassungsfähigkeit). Und auch seine hündischen Erwartungen an uns immer wieder in unser Zusammenleben mit einzubeziehen; das alles ist die Pflicht eines jeden Hundehalters. Das ist die Basis für eine jahrelange gute Beziehung zum Hund.
Und es ist eben nicht die Dressur ausschließlich durch Futter, die als Futterbindung aufgebaut wird, leider aber nicht automatisch in klarer Rollenverteilung endet, die so mancher Hund aber nötig hätte.

„Menschen sind schon komisch.", antwortet Willi und rollt sich auf die Seite. „Ich finde sie oft missverständlich. Laut, hektisch, aggressiv und leider, leider so wenig albern. Das Leben kann so schön sein, wenn man gemeinsame Hobbys hat und es dabei auch noch viel Spaß und Arbeit gibt. Und wenn der Mensch seine Rolle als verantwortungsbewusstes „Leittier" auslebt. So wie bei uns meine ich." Klopf, klopf.

Willis Ringelrute klopft auf den Parkettboden und er wirft Biene einen Blick zu. „Wir sind doch gar nicht so kompliziert, oder?"

„Nein, kompliziert sind wir nicht.", sagt Biene. Sie ist vom Sofa gesprungen, weil sie einen Hundekeksrest auf dem Teppich gewittert hat. Sie steuert auf diesen und damit direkt auf Willi zu. Willi folgt Bienes Blick Richtung Keksrest. Er dreht den Kopf respektvoll zur Seite, weil er weiß, dass Biene nicht gerne teilt. Er liegt unbeweglich, mit abgewandtem Kopf, bis Biene, nachdem sie fein säuberlich den Teppich „gesaugt" hat, wieder aufs Sofa gehopst ist, und er rollt sich entspannt wieder auf den Rücken.
Er respektiert sie. Sie hat es ihm vom Tag seines Einzuges an – in den für sie wichtigen und zu klärenden Situationen - klar signalisiert. Mit unfreundlicher Mimik, mitunter drohendem Ausdruck, gewaltfrei, aber effektiv.
Diese Klärung beim Anspruch auf besondere Dinge (Ressourcen) oder Privilegien stabilisiert die Beziehung von Hunden untereinander.
Mein Mann und ich fördern diese Regelung des friedvollen Miteinanders um Futter, indem wir Biene bei der Vergabe von Futter/Leckerlies mit Vorzug behandeln, sofern sie möchte.
So leben diese beiden Hunde in einer geklärten Futterrangordnung. Das heißt der Dominanzanspruch, wenn es um Beute sprich Futter geht, ist zwischen diesen beiden geklärt. Das heißt aber nicht, dass Biene ein dominanter Hund ist, wie solches Verhalten oft fehlinterpretiert wird. Sie ist in diesem für sie wichtigen Thema einfach mutiger und entschlossener als er.

Diese Form, durch autoritäres Auftreten (Drohgesten bis hin zur aggressiven Kommunikation) den Rangniedrigeren Respekt einzuflößen zeigt, wie sozial Hunde miteinander agieren, obwohl es für uns Menschen doch oft so „unhöflich" erscheint. Auf diese Weise kommt es eben meist nicht zu ernsthaften Auseinandersetzungen. Das wiederum gibt den Individuen im Rudel Sicherheit, Stabilität und schafft Vertrauen. Denn sie wissen genau, woran sie beim Anderen sind. Dennoch kommt es immer wieder zu Tests, ob diese Rangfolge noch gilt.

In den Fällen, in denen ein Hund gegen die Familie (und auch gegenüber eventuell dort lebenden anderen Hunden) seinen Dominanzanspruch im Bezug auf Futter, Beute und/oder Gegenstände aggressiv ausleben kann, ist sein Mensch gefordert, die komplette Rudelordnung zu überdenken und zu klären. Dies ist notwendig, damit es eben nicht zu gefährlichen Auseinandersetzungen kommt, der Hund nicht versucht, ist in seinem Status auch durch beschädigendes Aggressionsverhalten sehr stark expandieren zu können.

Biene dreht sich ein paar Mal um die eigene Achse um eine gemütliche Position zu finden und lässt sich plumpsen. „Aber wir sind eben Hunde. Hundeartige Raubtiere genauer gesagt. Wir stammen von den Raubtieren (Caniden) ab und Menschen von den Affen (Primaten). Dadurch sind einige Missverständnisse vorprogrammiert. Die kann man natürlich aus dem Weg räumen. Wenn Menschen ihre Hunde oftmals nur nicht so sehr vermenschlichen würden. Dann hätten es viele in ihrer Mensch-Hund-Beziehung viel leichter."

Und wenn es mit der Beziehung zum Hund klappt, dann klappt es auch mit der Erziehung. Aber das muss ich vielen Hundehaltern immer erst klar machen.

Denn mit der Erziehung oder Bindung nur über Leckerlies sorgen wir leider nicht automatisch auch für eine gute Beziehung zu unserem Hund. Sie manipulieren gerne *(Gib mir ein Leckerlie und ich mache SITZ)* etc., was nicht gleichbedeutend mit respektieren ist.

Fragen über Fragen

Tausende Fragen von Hundebesitzern wurden mir in den über zehn Jahren meiner Tätigkeit als Hundetrainerin zum Thema Erziehung gestellt. Oftmals wird dabei deutlich, dass Menschen sich von Anfang an auf eine Bindung und Training über Leckerlies verlassen möchten.

„Was für Leckerlies soll ich den kaufen? Wann soll ich ihm den eins geben?"
Schön und gut. Und der Hund freut sich meist auch übers Essen. Aber eine Futterbindung ist noch lange keine stabile Basis für eine echte Beziehung zum Hund. Hunde sind nicht immer „bestechlich". Viele sind es überhaupt nicht. Und Gehorsam, der ohne Leckerlies nicht klappt, ist keiner.
Nicht immer ist die Oma die Lieblingsoma, die die meisten Geschenke verteilt oder mit Bargeld nur so um sich schmeißt, oder?

Wie oft schon hatte ich Hunde in meiner Hundeschule, die zwar eine bestandene Begleithundeprüfung absolviert hatten, aber spätestens auf dem Parkplatz des Hundevereines nicht mehr zu kontrollieren waren. Sie hatten auswendig gelernt, wie die „Sache" läuft, wann es Belohnung gibt und wann was zu tun war. Eine abgespulte Teamarbeit, die rein gar nichts mit der Akzeptanz des jeweiligen Hundehalters als „Teamleiter" zu tun hatte. Viele dieser Hundehalter haben durch unsere Gespräche und Training begriffen, dass es trotz aller noch so exakt ausgeführten Kommandos nicht automatisch bedeutet, dass der Hund sie im Alltag als Vertrauen einflößende und kompetente „Leitfigur" anerkennt. Dazu gehört eben viel mehr.

Bleiben wir also zunächst bei dem Begriff Erziehung. Auf den folgenden Seiten möchte ich Ihnen näher bringen, was es mit dem Begriff der Beziehung und der Erziehung zum Hund auf sich hat. Und wie man beides besonders gut fördern kann.

Man kann in den meisten Fällen die angesprochenen Fragen oder Probleme in der „normalen" Hundeerziehung auf einige wichtige Themen zusammenfassen.
Mit „normal" meine ich den durchschnittlichen Familienhund und seine Flegelhaftigkeiten, die oft fälschlicherweise mit dem Begriff Dominanzverhalten betitelt werden.

Besonders schwierige Fälle, wie gefährliche Bissigkeit, übersteigerte Aggressivität, Angstaggressivität, Trauma etc. lassen wir zunächst mal außen vor. Wenngleich auch sehr viele hier im Folgenden angesprochen Fakten und Hinweise auch für diese sehr schwierigen Fälle von großer Relevanz sind. Denn, wie heißt es so schön: währet den Anfängen.

Ein Hund kommt ins Haus

Herr und/oder Frau Mensch schaffen sich einen Hund an. Der Mensch hat bestimmte Vorstellungen davon, wie die Sache läuft. Er liest das eine oder andere Buch, schaut fern oder fragt Hundebesitzer aus der Nachbarschaft oder Verwandtschaft, wie es am Besten mit diesem oder jenem Thema in der Hundeerziehung klappt. Er hat vielleicht schon mal einen Hund gehabt oder er kannte früher mal einen. Er wollte schon immer diese oder jene Rasse haben, weil der damals so hübsch und so lieb war. Oder seine Kinder kennen einen besonders netten Hund aus der Nachbarschaft, einer Urlaubsbekanntschaft, haben einen sehr süßen Hund im Fernsehen gesehen etc. pp. Man wollte im Tierheim, im Internet und wo anders nur mal schauen und hat sich spontan „verliebt", ihn „aus Mitleid da rausgeholt" usw.
Diese Aufzählung könnte unendlich so weiter gehen.
Der Hundebesitzer, die Hundebesitzerin glauben, sie haben sich eigentlich gut vorbereitet. Doch es kommt leider immer wieder zu Unstimmigkeiten oder Problemen mit dem Hund. Es ergeben sich viele Fragen.

„HALT, STOPP", sagt Biene. Sie ist inzwischen vom Sofa auf den Fußboden umgezogen, um sich auf dem Parkett etwas abzukühlen.
„Wenn dieser Mensch", sagt Biene „etwas über Hundeerziehung wissen will, warum fragt er dann nicht die, die es am besten wissen? Die Hunde?"
„Stimmt", sage ich, „da hast du recht. Das wäre hilfreich."

Viele Unstimmigkeiten oder Schwierigkeiten, die ich meinen zweibeinigen Kunden erkläre (übersetze), müsste es eigentlich gar nicht geben.

Obwohl viele Menschen sich auf die neue Lebenssituation mit Hund akribisch vorbereiten: schöne Liegedecken, hübsche Leinen, leckere Kauartikel, jede Menge Spielsachen, gesundes Futter etc., ergeben sich Unstimmigkeiten im Zusammenleben im Haus und/oder draußen.
Dies wiederum passiert leider oft durch mangelnde Berücksichtigung des Hundes als das, was er ist: ein hundeartiges Raubtier.
Man bereitet sich zwar vor, richtet dem Hund ein schönes zuhause ein, aber man fragt die Hunde (im übertragenen Sinn) vor ihrer Anschaffung nicht, was sie sich eigentlich von der interessierten Familie erhoffen.
Nähme sich der Hundebesitzer Zeit, sich vor der Anschaffung des Hundes nicht nur über die Optik, sondern auch über früheren Nutzen der gewünschten Rasse oder Mischung (Hüten, Jagen, Schützen, Treiben, Melden etc.) und über die daraus vorprogrammierten Talente und darauf eventuell basierenden Probleme Gedanken zu machen, bliebe manchem Hund und Hundebesitzer viel Leid erspart.
Das heißt, würde sich der Hunde-Anschaffungswillige die Zeit nehmen, sich vor dem Hundekauf intensiv zu informieren oder sich kompetent beraten zu lassen:
„Welcher Hund passt zu mir/zu uns?"
Oder würde er beim lesen eines Rassebeschreibungsbuches öfter mal fragen:
„Hei du Hund (Rasse/Typ/Geschlecht), was machst du denn so am Liebsten? Wo und wie würdest du gerne agieren und leben? Wo liegen denn deine Stärken und Talente? Warum passt du zu uns oder passt du nicht zu uns?"
Dann wäre vieles im späteren Zusammenleben mit dem Hund, in der Hundehaltung und Erziehung weniger schwierig.
Durch eine zu subjektive: „Ist der nicht hübsch? Schau dir mal die Augen an. Wie lieb der guckt!" -Wahl,

die sehr emotionale Mitleidsentscheidung: „Der kommt aus einer Tötungsstation, der Arme, den mussten wir retten." oder eine übereilte Anschaffungsentscheidung: „Wir wollten uns die Kleinen eigentlich nur mal anschauen."
können sich nun mal sehr viele Probleme im Zusammenleben mit Hunden ergeben.

Leider ist aber eine möglichst objektive Anschaffungsberatung für viele Menschen kein Thema. Wie beim Autokauf. Man sieht ein Modell (Marke erschwingliches Traumauto) und schon werden alle egoistischen Gründe, warum es dieser und kein anderer Wagen sein muss, überwiegen. Bei einem Auto gehen allerdings die Folgen einer Fehlentscheidung nur zu Lasten des Autokäufers. Bei der Anschaffung eines Hundes trifft eine unüberlegte Anschaffung mehrere Individuen. Und glauben Sie mir, die Hunde trifft es meistens schlimmer.
Umso glücklicher bin ich über jeden Hundefreund, der sich von einem wirklichen, objektiven Fachmann (Züchter oder Verkäufer sind leider nur selten objektiv) vorher beraten lässt und sich wirklich ehrliche Gedanken über das Wesen, Herkunft, Neigung, Talent, Haltung etc. seines zukünftigen Familienmitgliedes macht.

Nun ist er aber eben meist schon angeschafft, der neue Vierbeiner, und es ergeben sich Fragen oder Probleme im Zusammenleben. Die sich selbstverständlich auch ergeben können, obwohl man sich vorher gut informiert hat und es einfach am Wissen über Hundeverhalten mangelt. Das Zusammenleben mit dem Hund ist nach der Anschaffung oftmals doch ganz anders, als man es sich jemals vorstellen konnte oder als man es sich gewünscht hat. Hunde sind eben überaus individuell und es wird uns nie langweilig mit ihnen.

Stellen wir uns also vor, wir hätten einmal die geniale Möglichkeit mit Hunden in einen verbalen Dialog zu treten. Werden wir Zuhörer und Zuschauer in einer ganz normalen Familie mit Hund.
Beginnen wir mit den mir am häufigsten gestellten Fragen:

Warum kommt er nicht zuverlässig, wenn er abgelenkt ist?
Warum zieht er an der Leine?
Warum bellt er so viel?
Warum bleibt er nicht alleine?
Warum ist er an der Leine so eklig?
Warum ist er manchmal plötzlich ängstlich?
Warum ist er manchmal so aggressiv?
Warum hört er nicht auf zu jagen, obwohl ich Nein sage?

Zugegeben, man könnte diesen Fragenkatalog unendlich fortsetzen.
Aber, um Ihnen einigermaßen die Sichtweise und Begründungen der Hunde näher zu bringen, möchte ich es zunächst bei diesen typischen Fragen belassen.
Deren Beantwortung aus Sicht der Hunde bringt Sie als Hundebesitzer dazu, vieles zum Positiven zu verändern.

Sie haben schon vieles mit Ihrem Hund geübt, trainiert und ausprobiert, aber es will einfach nicht zu Ihrer Zufriedenheit klappen.
Sie haben eine ziemlich genaue Vorstellung davon, was Ihr Hund zu tun und zu lassen hat. Aber aus irgendeinem Grund klappt vieles nicht zu Ihrer Zufriedenheit.
Da stellt sich die Frage:
Will er nicht?
Kann er nicht?
Kapiert er nicht?
Ist er bockig?

Will er Sie provozieren?
Erkennt er Sie nicht als „Alphatier" an?
Ist er tatsächlich dominant, wie Ihr Nachbar kürzlich behauptete?
Ist er undankbar?
Pickt er sich nur die Rosinen raus?
Macht er alles nur gegen Leckerlie, wenn überhaupt, weil er berechnend ist?
Hatte er eine schlechte Kindheit?

Benno – ein ganz normaler Hund

Benno, wir haben ihn bereits kennen gelernt, ist ein unkastrierter Rüde, ca. anderthalb Jahre, und lebt im Haushalt von Herrn und Frau M.
Benno hat keine „schlechten" Erfahrungen, wie z.b. mehrere Vorbesitzer, Tierheim, Nothilfe, Auslandsimport etc. gemacht. Er kam von einem ziemlich verdreckten Bauernhof, wo er mit Mutter, Vater, Oma und Geschwistern sowie herzlichen Bauersleuten glücklich aufgewachsen ist.

Die Erfahrungen, die Hunde aus dem Tierheim, aus dem Ausland, der Nothilfevermittlung etc. mitbringen, müssen auch gar nicht immer automatisch schlecht gewesen sein. Hunde sind enorm anpassungsfähig und überhaupt nicht so schnell traumatisiert, wie uns derzeit viele Menschen weismachen wollen. In vielen Fällen wäre eine weniger sentimentale Sichtweise oftmals auch hilfreicher – für die betreffenden Hunde bzw. den Umgang mit ihnen.

Wie groß, wie schwer, welche Rasse/Mischung Benno sein könnte, habe ich bewusst offen gelassen. Das überlasse ich Ihrer eigenen Fantasie.

Benno kam als Welpe mit ca. neun Wochen in die neue Familie. Hauptperson könnte übrigens auch eine Hündin sein. Wobei Auftritt, Durchsetzungsvermögen und einige andere Verhaltensweisen dann in einigen Situationen weniger stark ausgeprägt wären oder schlichtweg anders ablaufen würden, je nach Situation. Und auch das ist wieder sehr individuell und von Hündin zu Hündin unterschiedlich.
Denn es gibt auch richtige „Amazonen" unter den Weibchen. Nichtsdestotrotz bietet die folgende Geschichte für alle Hundebesitzer die Möglichkeit, nach dem Lesen dieses

Buches ihren Hund, egal ob Rüde oder Hündin, und sein Verhalten von einer ganz anderen Seite kennenzulernen, ihn zukünftig anders zu be/achten und zu beeinflussen, falls nötig.

Da in meiner Hundeschule aber zumeist Frauen mit Rüden im Alter von ca. anderthalb Jahren die meisten Probleme, Fragen oder Wünsche an mich heran tragen, habe ich mich in dieser Geschichte für einen Benno entschieden.

> *Wir müssen reden*

Die Reihenhaussiedlung ist neu und hübsch zu recht gemacht. In den Vorgärten blühen die Herbstbepflanzungen in warmen Farben.
Hinter einer der Haustüren leben Herr und Frau M. mit ihrem Hund Benno.
Frau M. ist zu ihrer Mutter gereist. Der Abstand zu Mann und Hund kam nach ihr dem gestrigen Spaziergang gerade recht. Herr M. redet seit dem Ausflug am Vortag kein Wort. Alle Kontaktaufnahmen seitens des Hundes ignoriert er. Er will, dass sein Hund merkt, was er alles falsch gemacht hat.

Benno trottet zu seinem Besitzer um einen letzten Anlauf zur Versöhnung zu unternehmen. Er stellt sich direkt vor Herrn M. und schaut ihn an.
„Ach Benno. Ich werde einfach nicht schlau aus dir", sagt Herr M. mit leiser Stimme und Benno stutzt.
Hä?
Er traut seinen Ohren kaum. Hat er doch tatsächlich jedes Wort verstanden. Er hört seinen Menschen reden und versteht ihn - wortwörtlich! Das allererste Mal in seinem Leben. Normalerweise erkennt er meist nur einzelne Worte und versucht, mehr oder weniger erfolgreich, Zusammenhänge zu erraten. Oft erkennt er aber auch Sätze, da sie immer dieselben Handlungsabläufe betreffen, wie zum Beispiel: „Komm, Benno, wir gehen Gassi." Da weiß er genau, was los ist. Aber sehr oft hört er seine Menschen reden und reden, und tappt, was deren Botschaft betrifft, total im Dunkeln.
Herr M. betrachtet nachdenklich das hübsche Gesicht seines Hundes: „Wenn du mir doch nur antworten könntest!"
Benno legt den Kopf schief.
Ich fass' es nicht!

Er schaut seinen Herrn an, öffnet das Maul und wundert sich selber über die Töne, die er zustande bringt.

„Du", Benno setzt sich und räuspert sich. „du hast mich gestern, als ich zu meinem Rehrennspiel aufgebrochen und dann kurze Zeit später zurück war, gefragt: „Was soll denn das?"
Heute kann ich dir diese Frage beantworten. Ich werde dir Rede und Antwort stehen. Dieses eine Mal. Frag' mich, was du wissen willst und hör' mir gut zu. Du wirst später immer mit mir reden können, ohne mich reden zu hören, sondern in dem du siehst und weißt."
Benno sitzt seinem Besitzer gegenüber und schaut diesen erwartungsvoll an. Beide befinden sich im Wohnzimmer des Hauses. Herr M. sitzt auf einem Sessel, die Ellenbogen auf den Knien abgestützt, während sein erstaunter Blick mit hochgezogenen Augenbrauen auf seinem Hund ruht.

„Du kannst....? Du willst...?" Er hält den Atem an und kratzt sich am Kopf. „Du meinst...?"
„Jap!"
„Na denn..." Der erstaunte Mensch lehnt sich zurück, reibt sich nachdenklich das Kinn, überlegt eine Weile, holt tief Luft und sagt:
„Ja stimmt. Ich hatte gefragt: Was soll denn das? Wie schon so oft. Denn manchmal weiß ich einfach nicht, was ich noch machen soll, damit du deine Macken ablegst. Wir geben uns die größte Mühe mit dir. Wir verwöhnen dich. Wir schmusen, wenn du willst. Wir spielen, wenn du willst. Du darfst immer in unserer Nähe sein. Obwohl ich zugegebenermaßen lieber alleine auf die Toilette gehen würde.
Dir geht es doch gut bei uns. Du hast doch alles, was ein Hund braucht. Du könntest doch einfach auch gehorchen,

wenn wir was sagen. Findest du nicht, dass du etwas undankbar bist?"

Benno legt den Kopf schief und überlegt, ob sich das Zusammenleben aus seiner Sicht auch so anfühlt. Er denkt: *Klingt jetzt aber schwer nach: du bist an allem Schuld!* Er gibt keinen Kommentar dazu ab. Er macht große Augen, die Stirn in Falten gelegt. Dann bettet er seinen Kopf auf das Knie von Herrn M., holt tief Luft, schnauft aus und wartet. Herr M. fragt:

„Warum kommst du nicht zuverlässig, wenn ich dich rufe?"

Benno hebt ruckartig den Kopf und schaut erstaunt.
„Was heißt denn da nicht zuverlässig? Ich bin noch immer zu dir zurückgekommen. Manchmal geht es halt nicht sofort. Da muss ich erst noch die Kumpels besuchen oder fertig schnüffeln, schnell noch markieren, weil es dort eine wichtige Stelle gab. Als ich klein war hat dir das doch auch nichts ausgemacht. Und manchmal hab ich auch keinen Bock, weil es so viele tolle Dinge draußen gibt und immer, wenn es so richtig interessant wird rufst du meinen Namen und störst. Benno.
Dann drehe ich ein Ohr nach hinten und meine damit: *Jaha, gleiheich, Moment noch....*
Dann rufts du wieder BENNO und ich drehe beide Ohren nach hinten, was bedeutet:
Ist ja gut, hab dich ja gehört, ich kann grad nicht. Was is'n?

Dann schreist du BENNO!!! mit aggressiven Unterton und –
„Hier her - hab ich gesagt!"
Hast du gesagt, echt? Hab' ich nicht gehört, sorry – denke

ich und lecke mir mit einem kurzen Seitenblick zu dir beschwichtigend über die Schnauze.
Und ich bin mir sicher, du hast doch wieder mal nur meinen Namen gerufen und sonst nichts.
Woher soll ich wissen, was du von mir willst? Das mit dem HIER-Wort habe ich irgendwie sowieso nicht so recht begriffen.
Erst habt ihr HIER gesagt, wenn ihr Leckerlies in der Hand hattet, dann wieder, wenn ich weglief und ihr anscheinend fangen spielen wolltet.
Dann wieder, wenn ihr einen anderen Hund gesehen habt. Könnt ihr euch nicht entscheiden, was das zu bedeuten hat oder warum sagt ihr das in so unterschiedlichen Momenten. Wie soll ein Hund das denn verstehen? Ich habe mir dann gedacht Leckerlie-HIER ist ganz nett, das probier ich dann auch öfter aus.
Wenn ich dann kompromissbereit zu dir laufe, wirkst du nicht gerade einladend, sondern irgendwie schlecht gelaunt. Deine Stimme, deine Haltung, dein Blick, deine Bewegungen, das alles wirkt ziemlich bedrohlich auf mich. Wie soll ich dann gerne in deiner Nähe sein? Wenn ich meine interessante Schnuffeltour deinetwegen unterbrochen habe und du dich dann drohend über mich beugst und mir dann noch unfreundlich von oben auf den Kopf grapschst, mich mit beiden Händen am Hals zu dir ran ziehst, dann fühle ich mich in deiner Nähe sehr unwohl und verunsichert.
Da schnappe ich mir meist nur schnell das Leckerlie, falls überhaupt eins da ist, bei dir weiß man ja nie, und mach mich auf und davon. Erst lädst du mich ein und dann bedrohst du mich. Mensch, was soll denn das?"
Benno hält den Kopf schief und sieht seinen Menschen fragend an. Herr M. schweigt. Daraufhin fährt Benno fort.

„An anderen Tagen ignorierst du mich ständig beim Gassigehen. Daraus schließe ich, es ist dir egal, wie aufmerksam ich bin. Wenn du anscheinend über wichtige Dinge nachdenken musst, dann ziehe ich mich zurück. Du hängst deinen Gedanken nach und ich geh meinen Hobbys nach. Ist doch in Ordnung, oder? Oft renne ich dann zu meinen Kollegen oder mir unbekannten Artgenossen, um die Lage zu checken. Ich muss ja schließlich wissen, was in meinem Revier los ist. Du rufst mir dann - wie so oft - meinen Namen hinterher (ich weiß eigentlich nicht warum, ich kenn' den doch längst) und dann schaust du uns zu, wie wir toben. Dann rufst du auch hin und wieder HIER. Und ich denke dann: *Ja, schon gut. Heul doch nicht. Ich weiß, wo du bist.*

Wenn mich ein anderer Hund so richtig blöde anmacht, schaust du meist gerade weg oder du wartest, wie ich alleine klarkomme und entscheide. Wenn ich mal einen, der schwächer oder zaghafter ist als ich es bin, rund mache, rufst du wieder meinen Namen. Ich glaube, du findest es dann toll, wie gut ich im Spiel bin und feuerst mich an, zumindest klingt es so. Da ich doch sonst in vielen Situationen selber entscheiden soll, dachte ich, es wäre o.K., wenn ich trotz deiner Rufe erst noch mein Ding durchziehe. Für mich ist es eben interessanter, zu spielen, zu rennen oder jagen zu gehen, als mit dir so dahin zu latschen. Ich wusste nicht, dass es dir so wichtig ist. Schade, dass ich in letzter Zeit gar nicht mehr oft ohne Leine laufen darf. Hast du Angst, du findest ohne mich nicht mehr nach Hause, oder was?"
Benno hat sich Herrn M. zu de Füssen von gelegt. Er leckt sich die Pfoten. Mehr aus Verlegenheit als aus Notwendigkeit. Er blickt kurz nach oben, um im Gesicht seines Besitzers zu lesen.

Herr M. hat die Stirn in tiefe Falten gelegt. sich ein paar Notizen gemacht und kratzt sich am Kopf. Er merkt, dass es überhaupt nicht die Antwort war, die er erwartet hatte. Er ist sich nicht sicher, ob Benno es wirklich so meint oder ob der Hund ihn wieder mal ärgern will. Wie so oft, wenn Benno bockig ist, wie Herr M. es nennt. Jetzt ist er gespannt, welche Antwort oder Ausrede Benno bei der nächsten Frage auf Lager hat.
Herr M. legt den Kopf etwas schief und fragt:

„Warum ziehst du an der Leine?"

Benno rutscht mit dem Hintern auf dem Parkett etwas von Herrn M.'s Sessel weg, in dem er sich mit geraden Vorderbeinen abstößt und seine Sitzposition sehr steif aussieht.

„Bitte? Ich zieh an der Leine? Ich? Du ziehst an der Leine! Du hast mir doch beigebracht, wie man richtig an der Leine zieht, von Anfang an. Als ich bei euch eingezogen bin, durfte ich immer dahin, wo ich freundlich empfangen wurde und wohin ich wollte. Ihr alle wart super begeistert dabei und mächtig stolz auf die netten Bemerkungen der anderen Leute, die mich geknuddelt haben. Zuerst hatte ich noch ein paar Mal geschaut und gefragt, aber niemand hatte etwas dagegen. Weißt du noch? Wenn es aus dem Haus raus ging und ich bin ratzfatz vorausgesaust, da habt ihr gelacht und gerufen: „Ja ja, ich komm ja schon." Und ich dachte, das wäre bei euch Menschen halt normal so. Ich die Vorhut und ihr das Fußvolk hintendrein.

Bei meiner Mama, Papa und Oma war das ganz anders. Die haben immer zuerst die Lage im Freien gecheckt und uns abgesichert. Wenn wir Kleinen beim Rausgehen überholen wollten, haben sie sich öfter mal quergestellt oder geknurrt. Wenn ich besonders frech vorbei wollte, haben sie auch beides gemacht und wenn's dumm lief, habe ich noch einen Rempler oder Fanggriff kassiert. Daraus hab ich gelernt, dass man den Großen respektvoll den Weg frei halten muss. Oder rempelst du in deiner Firma den Geschäftsführer auf dem Weg in den Konferenzsaal auch um, damit du zuerst an den Besprechungstisch und die Kekse kommst? Ihr habt schon komische Manieren."

Herr M. schmunzelt bei dem Gedanken, seinen Chef im Türrahmen aus dem Weg zu rempeln. Verdient hätte dieses Weichei es auf alle Fälle. So eine Niete in Nadelstreifen, ohne Rückgrat, ohne das für die Untergebenen so wichtige Verantwortungsbewusstsein, ohne schnelle Entscheidungsfähigkeit. Nie hat der ein gutes Wort oder eine Motivation für seine Mitarbeiter übrig. Hat wohl Angst einen Zacken aus der nicht vorhandenen Krone zu verlieren. Der hätte dringend mal jemanden nötig, der ihm den richtigen Weg zeigt. Aber das könnte Herr M. sich natürlich nicht erlauben.
Dabei wäre es für alle Angestellten viel schöner, wenn der Chef mal eine positive Bemerkung machen würde über die geleistete Arbeit. Oder wenn er sich in schwierigen Situationen auch mal schützend für seine Mitarbeiter einsetzen würde. Sich im Notfall vor sie stellen würde. Dann könnte man sich auf ihn verlassen. Herr M. nickt unmerklich. Teamführung, Rudelführung: hat eine gewisse Ähnlichkeit.
Herr M. blickt gedankenversunken ins Leere.

„Hallo? Hörst du mir überhaupt zu?" Benno klingt empört.
„Was? Oh. Du, entschuldige! Ich war gerade in Gedanken, Benno, was hast du gesagt?"
Benno fährt fort: „Ich sagte, dafür sind die, die uns vorauslaufen, dann auch für unser Wohl verantwortlich draußen.

Wenn's mal brenzlig wird, kann man sich hinter denen verstecken.
Wenn ich aber, als ich noch klein war, beim Gassi auf andere Hunde oder Menschen losgesaust bin, bist du und ist Frauchen mir immer fröhlich gefolgt, egal wie eilig ich es hatte. Ich wusste nicht, dass es dich jetzt auf einmal stört. Du und Frauchen, ihr habt euch doch so oft ziehen lassen und wart offensichtlich damit super einverstanden. Ihr habt dann in allen möglichen Momenten so ein Wort gesagt, von dem ich bis heute nicht wirklich weiß, was es heißen soll: FUSS.
Ich ziehe also los und du sagst FUSS. Manchmal hast du dann etwas Leckeres in der Hand und ich denke: oh, schau an, ein leckeres FUSS. Das wird schnell von mir gefuttert und du sagst wieder FUSS, obwohl gar nichts mehr da ist. Da bleib ich dann halt noch ein bisschen bei dir. Nützt aber nix. Da ist nichts mehr zu holen, FUSS war wohl alle. Dann gehe ich eben mal schnell schnuppern. Und rums – ruckst du an meiner Leine und sagst FUSS. Ja, was jetzt? Heißt jetzt das Leckerlie oder der Leinenruck oder das Schnuppern FUSS? Hä? Sorry, ich verstehe es nicht.

Manchmal, wenn ich müde bin, gehe ich ja gerne in deiner Nähe mit dir den Weg. Dann sagst du auch manchmal FUSS. Und wenn ich dann schnell mal was schnuppern will, bleibst du stehen und sagst nichts. Dann schreist du mich plötzlich an: „He, ich hab FUSS gesagt."
Eben? Nö. Kein Wort! Vorhin, ja klar, da war was. Aber das war doch schon rum, gegessen, vergessen.
FUSS hat aber offensichtlich etwas mit deiner Nähe zu tun, soviel habe ich begriffen. Aber was nur? Manchmal läuft's gut für mich und manchmal wird es irgendwie bedrohlich. Da ziehe ich dann lieber wieder los, um von dir weg zu

kommen. Meist sagst du dann wieder nichts. Ich kann das offensichtlich selber entscheiden.

Je größer ich wurde, umso leichter wurde es außerdem für mich zu ziehen. Frauchen quietscht und jauchzt dann immer. Ich glaube, ihr gefällt das am besten. Komisch ist nur, dass ihr jetzt oft so ruppig seid in Situationen, die uns früher Spaß gemacht haben. Wenn ich dich heute zu den Kumpels ziehe, habe ich immer das Gefühl, es macht dir keinen Spaß mehr. Wenn wir, wie früher, stürmisch das Haus verlassen und ich natürlich zuerst raus renne, weil ich ja für und alle die Lage checken muss, habe ich manchmal den Eindruck, du willst gar nicht mit. Du schimpfst schon an der Tür, zerrst an meinem Halsband rum und dann krieg ich auch super schnell schlechte Laune. Aber eigentlich war ich wie immer, so wie du es mir beigebracht hast. Warum stört dich das auf einmal?"

Benno hat sich mittlerweile ganz aufrecht hingesetzt und zeigt eine angespannte Körperhaltung. Die Stirn leicht in Falten gelegt und die Mundwinkel sind verkürzt. Angespannter als in seinem sonst üblichen, entspannten Gute-Laune-Gesicht. Sein Blick ist trotzig Richtung Terrassentür gerichtet.
Möchte mal wissen, was mit dem heute los ist?

Herr M. möchte beschwichtigend seine Hand auf Bennos Kopflegen, doch der zuckt zusammen und zieht schnell seinen Kopf seitwärts weg.
Sag mal, geht's noch?
Der Hund neigt den Kopf leicht zur Seite, beobachtet seinen Besitzer aus den Augenwinkeln, der ihn seinerseits freundlich anschaut. Das wiederum veranlasst Benno sich kurz über die Schnauze zu lecken.

Sorry, hab ihn wohl falsch verstanden. Ich dachte, der will mir drohen.
Dann legt er sich wieder auf den Boden. Herr M. hat auf einmal das Gefühl, dass Benno keinesfalls bockig ist, sondern einfach nur ehrlich und irgendwie enttäuscht. Herr M. fühlt sich etwas mulmig. Solch eine Antwort, Auslegung der Situation hatte er wieder nicht erwartet. Er murmelt: „T'schuldigung".

„Macht nix!" sagt Benno „Ich hab's dir nicht übel genommen. Aber langsam solltest du wirklich wissen, dass ich es sauunfreundlich finde, wenn du mir, ohne mich vorher anzusprechen oder mir in die Augen zu schauen, diese Ich-unterdrück-dich-wenn-ich-will-Geste zumutest. Immer dieses überfallartige Gegrapsche von oben, furchtbar. Lass einfach deine Hand von meinem Kopf weg. Wenn du reden willst, reden wir. Aber hör auf mich zu verunsichern. Wenn dir meine Meinung nicht passt, kannst du mir ja auch gleich einen Schnauzgriff verpassen."

Ach du meine Güte, denkt Herr M. *Immer vergesse ich, dass er es nicht mag. Eigentlich kennt er mich doch lange genug, um zu wissen, dass ich es nur nett meine. Ich kraule ihn halt so gerne am Kopf.*

„Tut mir leid." sagt Herr M. „Ich vergesse es immer wieder."
Benno antwortet nicht. Er hat sich abgelegt, den Kopf auf seinen Pfoten, und wartet.
Herr M. macht sich noch ein paar Notizen und richtet, nach dem er hörbar tief eingeatmet hat, die nächste Frage an Benno.

„Warum bellst du so viel?"

Benno hebt den Kopf und macht große, erstaunte Augen.
„Ich muss doch melden, wenn was los ist. Manche meiner Artgenossen wurden übrigens extra fürs Melden gezüchtet. Oft ist es auch so, dass ich Langeweile habe und sich dann, auf mein Bellen hin, einer von euch einfindet, der mit mir was spielt.
Der Trick klappt eigentlich immer. Seit ich draußen beim Gassigehen, wir ihr das nennt (ich würde das, was ihr daraus macht, frische Luftschnappen ohne besonderen Sinn und Zweck nennen), nicht mehr ohne Leine laufen darf, weil ich ja so super gerne dahin renne, wo es mir Spaß macht, bin ich geradezu super unausgelastet. Ich sprühe geradezu über vor Tatendrang. Dadurch bin aber auch öfter mal übelgelaunt und gereizt. Wie soll ich mich den auspowern, wenn ich immer an dieser Leine hänge.

Dann versuche ich auch oft euch zum Rennen an der Leine zu animieren. Aber im Gegensatz zu früher habt ihr da alle keinen Spaß mehr dran. Und seit ihr mir das neue Halsband umgelegt habt, du weißt schon, das welches sich so blöde zuzieht, macht es mir die Sache schwieriger mit dem Leine ziehen. Ich sehe zwar keinen Sinn darin, dass ich keine Luft mehr kriegen soll, aber wenn ihr meint, dass es gut für mich ist – bitte. Ihr seid die Intelligenteren. Dass ich dann versuche, in die Leine zu beißen, um meinen armen Hals zu entlasten und euch in meine bevorzugte Richtung zu ziehen, passt euch ja auch nicht.
Früher habt ihr dann gelacht und ein Zerrspielchen gemacht. Das habt ihr dann immer AUS AUS genannt. Da wusste ich sofort – fester zubeißen und ab geht die Post. Ich zog und ihr habt AUS AUS gerufen und auch gezogen. War lustig. Aber irgendwie macht euch das heute auch keinen Spaß mehr. Warum eigentlich?

Da ich oft nichts mit mir anzufangen weiß, mach' ich mir auch gerne den Spaß und belle im Garten Leute und Hunde an. Das ist ein tolles Hobby – Bubu machen. Die hauen nämlich immer alle ab - immer. Am liebsten habe ich die, die auch noch einen Schreck kriegen, wenn ich an den Zaun rase und sie verbelle. Besonders penetrant ist der mit dem gelben Auto. Der versucht es jeden Tag wieder, meistens, wenn ihr nicht da seid, an unser Haus ran zu kommen. Und da ihr den anscheinend auch nicht mögt (ihr redet ja kaum mit dem, ladet den nicht zu Besuch ein, obwohl der es schon so lange probiert, wie ich hier lebe), bleibt mir nichts anderes übrig, als ihn immer wieder zu verjagen. Aber er kann's nicht lassen. Der macht mich noch wahnsinnig. Jeden Tag kommt er oder einer seiner Kumpels und fassen unseren Besitz an. Echt! Die berühren immer unser Haus, als wenn sie hier rein wollen. Da ich ja der einzige bin, der sich um den kümmert, muss ich eben wachsam sein. Ich hab ja sonst keine interessante Arbeit.
Und mein Gelände zu bewachen gehört nun mal zu meinen Aufgaben.
Zugegeben, ich übertreibe es dabei gerne, doch irgendein Hobby braucht der Hund. Meine Gartengestaltung fandest du ja auch nicht so toll. Ich persönlich fand' die Löcher echt klasse. So groß und so schön tief. Super zum Drin-rum-Kuscheln.
Ich habe gehofft, ihr merkt vielleicht, dass ich mich langweile. Wir könnten uns doch auch ein paar gemeinsame Hobbys ausdenken. Habt ihr wirklich nicht verstanden, dass ich vor Langeweile oft platze und gerne mit euch was machen würde?"
Benno hat seinen Kopf gehoben und seinen Blick fest auf Herrn M. gerichtet. Dieser schreibt unterdessen eifrig auf seinen Notizblock und schüttelt dabei den Kopf. „Das hätte ich nicht gedacht." sagt er.

„Das man als Hund und Mensch gemeinsame Hobbys haben kann? Aber klar. Das geht – echt!" Benno ist leicht aufgeregt und hat sich in eine angespannte Sitzposition begeben. Während seine Augen groß und erwartungsfroh seinen Besitzer anschauen, wedelt er mit seiner Rute über das Parkett im Wohnzimmer.
„Meine Kumpels von der Hundewiese haben zum Teil auch super tolle Hobbys mit ihren Besitzern. Die erzählen oft davon. Wir sollten uns da mal schlau machen, was uns beiden Spaß macht."
„Das habe ich zwar nicht gemeint, aber du hast trotzdem Recht. Wir könnten uns mal was überlegen. Vielleicht hörst du dann ja auch auf, im Auto wie ein Bekloppter zubellen."

Benno hechelt vor lauter Aufregung und Vorfreude und wäre bereit, seinem Besitzer alles zu verzeihen oder zu versprechen. Er überlegt schon genau, welche Arbeit seinem Besitzer draußen am meisten gefallen könnte. Aber es will ihm partout nichts Rechtes einfallen. Herr M. ist in seinen Augen ziemlich talentfrei und der Natur gegenüber desinteressiert. Eigentlich wundert Benno sich oft, warum Herr M. überhaupt mit rausgeht. Benno käme ja auch super alleine draußen zurecht. Und außerdem weiß er schon lange, wo er wohnt und wie er alleine wieder nach Hause findet.

Herr M. geht leider nicht weiter auf das für Benno so spannende Thema ein. Er reibt sich wieder am Kinn und fragt Benno:

„Warum bleibst du nicht alleine?"

„Wie - alleine bleiben? Ich kann dich, sorry euch, doch nicht alleine weglassen. Ihr seid doch ohne mich aufgeschmissen. Schutzlos und überhaupt. Ich als euer Familienoberhaupt könnte doch außerdem die interessantesten Dinge verpassen, nur weil ihr mir die Tür vor der Nase zuhaut. Du kannst doch eigentlich nicht ohne mich hier weg, gib' es doch zu. Du bist so anhänglich. Und du und deine Frau, ihr seid oft so hilflos, draußen. So unsicher, genau wie hier in der Wohnung. Ihr überlasst mir so viele Entscheidungen."

Benno sitzt noch immer in angespannter, aufrechter Haltung, aber er wedelt nicht mehr. Er überlegt einen Moment, bevor er weiterspricht:
„Du hast mir die besten Liegeplätze zugewiesen als ich einzog. Du hast mir die Futterstellen Küche und Esstisch kampf- bzw. kommentarlos überlassen. Das war viel leichter als bei meiner Mama. Die hätte mich nicht kommentarlos an ihre Lieblingskauknochen oder ihren Entspannungs-Gemütlich-Liegeplatz herangelassen, als ich so alt war, dass ich Rudelordnung und Futterrangordnung erlernen musste und sie mir andeutete, dass sie keinen Bock auf Gesellschaft hatte.

Mama, Papa und Oma, die konnten einen anschauen, sage ich dir! Da ist dir das Blut in den Adern gefroren. Und manchmal, wenn ich mich dumm gestellt habe und es immer wieder versucht habe, da zeigten sie mir ganz leicht einen ihrer Eckzähne – aber uuups – nix, wie weg, bevor sie ihren Schnauzgriff einsetzten. Da habe ich echt gelernt was Disziplin, Autorität und Respekt ist sag ich dir. War streng, aber sehr hilfreich. Klare Regeln, klare Ansage, volles Vertrauen zu allen älteren Hunden in meiner Züchterfamilie, weil ich genau merkte, wie weit ich gehen kann. Denn sie alle waren sofort hinterher wieder die beste Hundemami und Hundeverwandten der Welt. Dann war alles wieder gut.

Bei euch war es dann alles ganz anders. Kaum war ich bei euch eingezogen, habt ihr mir klar und deutlich gezeigt, dass in euerer Familie der Teamleiter fehlt. Diesen verantwortungsvollen Job habe ich intelligenter junger Bursche natürlich sofort gerne übernommen.
Hat doch auch alles seine Vorteile. Essen - nur vom Feinsten, man braucht nur die richtigen Kulleraugen vorm Leckerlieschrank oder am Esstisch machen.
Zärtlichkeiten, wann immer ich will, kuschelige Liegeplätze, wo immer ich mein Haupt gemütlich oder auch strategisch betten möchte.
Immer einen Animateur, der mit mir spielt, wenn ich ihm ein Spielzeug hinschmeiße oder der mir den Bauch krault, sobald ich mich vor ihn lege.
Ich kann euch jederzeit in jeden Raum meines Hauses begleiten, sogar auf die Toilette."

Benno wedelt und fährt fort:

„Bei meiner Mama waren Futter- und Liegeplätze meistens Tabuzonen. Bei euch gab es das nicht. Das musste ich erst einführen. Wenn ich also auf meinem Entspannungs-Gemütlich-Liegeplatz liege und ihr wollt mich kraulen, knurre ich und schon wisst ihr, dass ihr euch zu verdrücken habt. So, wie meine Mama es mit mir gemacht hat."

Benno hat aufgehört zu wedeln und legt sich ganz auf den Boden. Er kratzt sich mit dem Hinterlauf kurz am Ohr und redet weiter:

„Als ich klein war habt ihr gleich rumdiskutiert: „Hast du das gehört? Der hat mich angeknurrt!"
„Lass ihn doch, den kleinen Benno. Der wird müde sein, vom Gassi. Der will jetzt seine Ruhe haben."

„Aber der darf mich doch nicht anknurren?"
„Na, vielleicht hast du ihn erschreckt, als du ihn angefasst hast? Oder hast du ihm wehgetan?"
„Ich hab' ihm doch nicht weh getan! Wie kommst du denn darauf?"
„Komm, lass ihn einfach in Ruhe. Der will jetzt keine Gesellschaft, der will schlafen."
Stimmt! Schlafen! Ruhe! Griffel weg!
Das hatte ich in diesem Moment gedacht. Und weil ihr euch mal wieder nicht sicher wart, wie ihr reagieren sollt, habt ihr euch gefügt und seid ihr dann brav auf eure eigenen Plätze gegangen. Und ich dachte:
Prima. Klappt doch!
So habe ich euch erzogen."
Benno senkt den Blick, den er die ganze Zeit auf seinen Herrn gerichtet hatte, und knabbert kurz an seiner linken Vorderpfote. Dann spricht er weiter:

„Wenn ich auf meinem strategischen Beobachtungsplatz liege (mit Blick auf meine Küche, mein Wohnzimmer und meine Haustür) und ihr kommt plötzlich daher und wollt Aufmerksamkeit, dann hilft meist ignorieren und ihr verzieht euch wieder. Wie Muttern es mit mir gemacht hat. Du weißt schon, was ich meine: liegt der Teamchef mitten im Durchgang, geht das Fußvolk brav im Meidebogen außen herum, um ihn nicht zu stören. Ich lasse es euch schon wissen, wann ich etwas von euch will. Wann ich spielen will, wann ich gekrault werden will. Wann ich meine Ruhe haben will. Das bestimme ich!"
Benno verstummt, legt den Kopf zwischen seine Vorderpfoten auf dem Fußboden ab.
Herr M. hat unterdessen seine Notizen zur Seite gelegt und sitzt etwas nach vorne geneigt auf dem Sessel. Die Stirn in tiefe Falten gelegt, kratzt er sich kurz am Hinterkopf. Dann

legt er die rechte Hand auf sein Gesicht, wobei seine Hand Kinn und Mund verdeckt und massiert mit der Hand Wangen und Unterkiefer.
Von seinem Hund, den er nachdenklich betrachtet, ist ein tiefer Seufzer zu hören. Dann hebt Benno den Kopf wieder, schaut seinen Herrn an und spricht entschlossen weiter:
„Das sind die angenehmen Seiten meiner Teamleiterfunktion. Und ich merke mit jedem Tag, den ihr bei mir lebt, dass ihr solch eine Führungspersönlichkeit wie mich offensichtlich bitter nötig hattet. So nehme ich meine Aufgabe auch sehr ernst und je älter ich werde, umso mutiger und strenger werde ich meine Führungsrolle zum Ausdruck bringen, wenn ihr nicht mehr richtig spurt.
Hat der Teamchef zum Beispiel seinen Lieblingskauknochen in der Mache, knurrt er gerne mal, damit die anderen die Griffel weglassen. Funktioniert bei euch immer.

Weißt du noch, wie ihr die ersten Male erschrocken seid, als ich euch wegen der leckeren Schweineohren angeknurrt habe?
„Hilfe Liebling. Der knurrt. Schau mal, wie der guckt. Da kann man ja Angst kriegen."
„Ach, was Schatz, das ist doch noch ein Baby. Der tut doch nix."
Haha - das hast du damals gedacht. Ich weiß es noch, wie heute. Dann hast du nach dem Schweineohr gegriffen und ich habe dich noch einmal gewarnt: steif dagelegen, beide Pfoten auf dem Schweineohr, leicht gekräuselte Lefzen, leises Knurren, Schweineohr fest im Maul und böser Blick von unten nach oben, direkt in dein Gesicht.
Und dann – pitsch – als du die Hand nach dem Schweineohr ausstreckst – hackte ich mit gefletschten Milchzähnen in deine Hand.

Und patsch - das war mal ein superschneller Reflex von dir. Klatsch direkt auf meine Lefzen. Aber ich habe vor Schreck sofort das blöde Teil fallen gelassen und kapiert. Das Schweineohr ist deins!
O.k., keine weiteren Fragen Euer Ehren. Klare Ansage.

„Wie kannst du das machen?", hat deine Frau dann mit dir geschimpft. „Soll ich mich etwa beißen lassen, oder was? Soweit kommt's noch!" Du warst stinkwütend, obwohl du das Schweineohr in deiner Hand hattest. Über deinen Handrücken ist Blut gelaufen.
„Jetzt gib es ihm doch schon wieder. Schau mal wie traurig er jetzt guckt, der arme Kleine", hat deine Frau gesagt. „Du hast ihn bestimmt erschreckt."
„Ach was, jetzt bin auf einmal ich schuld, oder was? Es kann ja wohl nicht sein, dass mein eigener Hund mich beißt!"
„Na dann geben wir ihm das nächste Mal ein Leckerlie, wenn er etwas nicht hergeben will. Das habe ich mal irgendwo gelesen. Fehlverhalten soll man ignorieren und für die Herausgabe von Dingen soll man ein Tauschgeschäft üben."
Benno wedelt wieder und durch seine nach hinten gezogenen Mundwinkel sieht er aus, als ob er lacht.

„Ich glaube, meine Hundemutter hätte sich schlapp gelacht bei der Vorstellung, mit mir kleinem Würmchen einen Tauschhandel zu betreiben. Das wäre ihr nie in den Sinn gekommen. Du bist damals wütend davon gestapft und hast mir das Schweineohr wieder hingeworfen. Das war dann wieder wie bei Mama früher. Die hat mir, nach dem sie gewonnen hatte, auch öfter ganz cool den Kauknochen hingeschmissen, damit ich nicht leer ausgehe.

Aber sie hat die Regeln bestimmt, wann ich was haben darf, und dass ich Respekt vor ihren Sachen und ihrem Willen haben muss. Das ich erst fragen muss, bevor ich mir etwas nehmen darf. Das hat sie mir beigebracht. Dadurch hatte ich vor ihr Respekt und habe sie für ihre Stärke vergöttert.

Als du mir das Schweineohr so hingeworfen hast, habe ich mich zunächst gefreut, dass aus dir mal ein richtig guter Ersatzpapa werden könnte. Ich dachte, Mensch, der hat's echt drauf. Aber dann hast du immer öfter meinem Frauchen nachgegeben, weil sie immer Mitleid mit mir hatte und sich von mir super um die Pfote wickeln ließ. Du warst dann auch nicht mehr wirklich respektabel. Ich hab' mir genommen was und wann ich wollte, und ihr habt euch nicht mehr getraut, es mir weg zunehmen. Mit der Zeit konnte ich euch dadurch auch nicht mehr wirklich ernst nehmen. Ich wurde auch immer mutiger."
Benno kratzt sich wieder mit dem Hinterlauf am Ohr.

„Wartet nur ab, ich habe da noch ganz andere Ideen, wenn ihr mir mal nicht mehr willig sein wollt. Knurren auf meinem Sofa oder in meinem Bett, markieren von meinen Möbeln, verscheuchen von Besuchern usw. Da gibt es viele Möglichkeiten, mit denen ich euch an meine Position hier in der Gruppe erinnern kann.
Ich habe durch euch gelernt: Ihr braucht mich dringend als Kontrolleur und Regisseur - drinnen wie draußen, so habe ich euch verstanden.

Zum Beispiel draußen: kaum renne ich mal ein paar hundert Meter weiter weg, schreist du oder schreit Frauchen schon so hilflos wie ein Junghund, der Angst hat, den Anschluss zu verpassen. Und wenn ich dann zurückkomme, seid ihr

meistens schnell wieder super lieb, weil ihr euch alleine so gefürchtet habt.
Bei meiner Mama war das anders. Die ist einfach aufgestanden und gegangen. Da musste man echt aufpassen, dass man den Anschluss nicht verpasste. Auf mich wirkte das so souverän, so stabil. Die wusste, was sie wollte und war immer konsequent. Da fühlte ich mich so geborgen, wenn ich sie eingeholt hatte.
Meine Verwandten waren aber auch manchmal ganz schön ruppig, wenn ich mich ungefragt zu lange von meinen Geschwistern, Mama und den anderen entfernt hatte. Dann musste ich mich schon öfters mal vor denen auf den Rücken rollen, damit ich wieder in ihrer Nähe sein durfte.
Das habe ich mir dann auch für's spätere Leben gemerkt. Oft war ich auch der Supereinschleimer mit Maulschlecken wegen Futter und so, wenn Mama alleine weg war und zu uns zurückkam. Dann durfte ich mich auch richtig freuen und ein paar Mal an ihr hoch hopsen. Aber nicht zu oft. Je älter ich wurde, umso mehr wollte sie das nicht mehr. Nur beim Toben war es noch erlaubt, aber auch nicht immer. Eigentlich hatte sie auch Recht. Schließlich konnte ich auch schon alleine mein Futter aus der Schüssel fressen."
Benno schweigt eine Weile nachdenklich. Dann redet er weiter.
„Als Elternteil oder Teamleiter muss man für Ordnung sorgen. Deshalb bekommst du auch von mir deine Standpauke, wenn du endlich nach Hause kommst. Dann muss ich dich voll anspringen, bellen, kneifen usw. Ich habe mich schließlich geärgert, dass du mir ungefragt die Tür vor der Nase zugeschlagen hast.
Andere meiner Artgenossen haben es da viel schwerer, die haben wirklich Angst und Panik. Die heulen, zittern, speicheln, pieseln, weil sie Angst haben alleine zu sein.

Bei mir ist es Wut auf die Untergebenen (meine Diener) und Frust, die Kontrolle über euch verloren zu haben.
Deshalb mussten auch die neuen Schuhe von dir und Frauchen dran glauben.
Wenn du mich alleine lässt, mir oft langweilig ist, weil ich nicht ausgelastet bin. Und weil ich dann sauer auf dich bin, brülle ich entweder das Haus zusammen, oder klaue mir eure Beute, die nach euch riecht und die ich dann in aller Seelenruhe zerknabbern kann. Alles, was ganz doll nach euch riecht, ist ja eure wichtige Beute: Schuhe, Socken, Unterhosen, Haarbänder und was weiß ich noch alles. Das schmeckt zwar nicht, aber der Triumph ist auf meiner Seite. Ich hab's zerpflückt. Denn was man nicht fressen kann, wird geschreddert. Alles meins.
Ich finde das steht mir zu, findest du nicht? "

Benno hat sich in Rage geredet. Er ist aufgesprungen und steifbeinig mit erhobener Rute durch das Wohnzimmer gelaufen. Dabei hat er schnelle Blicke in die Küche und unter den Esstisch geworfen. Dann stellt er sich aufrecht und stolz hinter seine Besitzer, der auch aufgestanden ist, während er sich Bennos Antwort anhört.

Herr M. hat die Arme hinter seinem Rücken verschränkt und schaut durch die Terrassentür regungslos in den Garten hinaus. Benno überlegt kurz, ob er Herrn M. einen leichten Stupps an die Hände geben soll und entscheidet sich dann dagegen. Stattdessen nimmt er einen seiner vielen Kauknochen vom Boden auf, wirft ihn die Luft, fängt ihn mit dem Maul wieder auf, um ihn dann doch recht lustlos auf den Boden fallen zu lassen. Dann krabbelt er auf seinen Sessel, auf dem extra seine Decke ausgelegt ist. Er fühlt sich auf einmal nicht mehr so stolz und legt seinen Kopf auf der Armlehne des Sessels ab. Dabei beobachtet er Herrn

M., der sich immer noch nicht wieder bewegt hat, nachdenklich in den Garten schaut und einen tiefen Seufzer von sich gibt. Benno zieht das Genick ein und legt die Ohren an den Kopf.

Ohne sich seinem Hund auf dessen Sessel zuzuwenden fragt Herr M.:

„Warum bist du an der Leine oft so eklig, so aggressiv?"

„Wie bitte – ich bin eklig? ICH BIN EKLIG?"
Bennos Kopf ist abrupt in die Höhe geschnellt.
„Jetzt reicht's aber langsam! Wenn hier einer eklig an der Leine ist, bist du das!

Weißt du noch, als ich klein war, da haben wir immer das schöne Spiel gespielt: ich Hund zerre dich Mensch dahin, wo ich will. Ihr Menschen habt das mitgemacht und ganz verliebt uns lieben Kleinen beim Toben an der Leine zugeschaut. Ihr konntet euch ja nicht ableinen, weil ihr Angst hattet, ihr würdet uns nicht einholen, wenn wir mal ein geiles Rennspiel machen.
Und dann, weißt du noch, in meiner pubertären Phase (vielleicht fing das auch schon früher an), da haben sich so ein paar Kumpels aus der Nachbarschaft ganz schön aufgeführt. Erst habt ihr alle gewartet, dass ich endlich das Bein heben kann, um ein ganzer Kerl zu werden, und jetzt, wo ich es den anderen Jungs aus der Nachbarschaft zeigen kann, was alles mir gehört, passt es euch auf einmal nicht mehr. Da reißt ihr an mir rum und schreit „Pfui".
Wieso PFUI? Verstehe ich nicht. Ich muss doch meine Botschaften in meinem Streifgebiet hinterlassen. Ihr erhebt ja

im Haus und draußen keinen Anspruch – auf nix! Das bleibt ja wieder die ganze Verantwortung an mir hängen.

Die anderen Hunde haben sich immer öfter voll aufgeplustert und ganz schön fiese Dinge über die Strasse signalisiert: *„Hei du Depp, glotz nich' so! Willste Ärger? Kannste kriegen. Das ist ab jetzt meine Strasse! Wag' dich ja nicht an meinen Zaun zu pinkeln. Und von den Mädels aus der Nachbarschaft lässt du auch gefälligst die Nase weg. Alles meins."*

Du hast das oft nicht gesehen oder es hat dich nicht interessiert, aber ich hab's mitbekommen. Da muss ich doch antworten! Du wolltest es doch so, dass ich entscheide, wie es weiter geht, oder? Meist hast du mich dann auch noch mit der blöden Leine näher an die anderen rangezogen und wolltest wissen, ob wir uns vielleicht nicht doch noch verstehen, weil die „lieben Kleinen" sich doch schon sooo lange kennen. Wieder hast du dann mich die Sache weiter entscheiden lassen.
Du standest abwartend daneben, hast nichts mehr gesagt, egal ob ich mich wohl, unwohl oder hilflos gefühlt habe. Ich war also auf mich gestellt. Erst soll ich zu dicht an die Hunde ran und dann, wenn ich deren Nähe nicht wollte oder so ein Rotzlöffel versuchte, mir den Kopf auf den Nacken zu legen, musste ich mich doch wehren, ihm klar machen, dass ich das unverschämt finde.
Und wenn es ein echt süßer Typ oder noch besser ein Mädel war und ich mal so richtig loslegen wollte mit Spielaufforderung und so, ging es auch mächtig schief. Da fing es plötzlich an. Du hast mir, wenn ich dem Anderen meine freundliche oder ehrliche Meinung mitteilen wollte, voll wehgetan. Du hast an mir rum geruckt und geschrieen. Ich glaube tatsächlich, du hattest anscheinend plötzlich Angst

vor den anderen Hunden. Du wurdest auf die anderen Hunde und ihre Menschen wütend. Du hast gar nicht genau hingeschaut, was die mir oder uns mitzuteilen haben oder warum ich dies oder das gemacht habe.
Weil du so aufgebracht warst, musste ich dir doch helfen. Ich musste für dich die Gefahr, die ich eigentlich gar nicht so gesehen habe, abwehren. Ich musste dich und manchmal uns beide beschützen. Wärst du nicht gewesen, hätte ich meistens gaaaanz anders gehandelt. Aber du wolltest es ja wohl so aggressiv.
Ich habe mich dann für dich, wie du es mir vorgemacht hast, so richtig ins Zeug gelegt. Obwohl ich es meistens total überzogen finde - dein Verhalten. Ich hätte mich oft netter verhalten, wenn du nicht so schlechte Laune hättest an der Leine.

Bei manchen Hunden ist es auch so, dass die mir echt Konkurrenz machen. Die wollen an deine Jacke mit meinen Leckerlies oder von dir gestreichelt werden. Und du siehst nicht, wie die dich zuschleimen und mich dabei von meinen – von mir kontrollierten - Menschen abtrennen wollen. Dann muss ich sofort meine Menschen abgrenzen. Manchmal auch recht deutlich. Ich würde sonst schließlich den Teamchefposten verlieren, den ihr mir zugedacht habt und den ich verteidigen muss.

Und wenn ich einen anderen Hund toll finde und vor Begeisterung losstürmen will, bist du auch auf einmal an der Leine so wütend, dass ich jetzt mittlerweile überhaupt keinen an der Leine mehr treffen mag. Die sollen mir alle wegbleiben. Immer gehst du dann auf mich los und auf die Anderen reagierst du auch total aggressiv. Nur weil ich das gemacht habe, was ich früher, als ich noch klein war, immer durfte. Oder wenigstens so ähnlich.

Wir zwei allein an der Leine, ich checke die Lage und du wartest ab. Wenn uns dann einer blöd kommt, können wir gemeinsam stark und eklig sein. Ich entscheide und kläre die Situation. So hab ich dich verstanden. Wenn ich durch die Leine deine Nervosität, Angst oder Aggression spüre, soll ich doch so reagieren. Das willst du doch, oder?"

Benno ist, während er sich in Rage redet, vom Sessel gesprungen. Seine Rute ist senkrecht nach oben gestellt und wedelt angespannt hin und her. Sein Kopf ist erhoben, als wäre er auf einmal zehn Zentimeter größer. Er steht mit der Nase an der Terrassentür. Er hat Herrn M. mit seiner Schulter angerempelt. Herr M. ist daraufhin einen Schritt zurückgetreten, hat seinem Hund den Vortritt an der Terrassentür gelassen und schüttelt langsam den Kopf.
Dann dreht Herr M. sich um, geht in den Raum, schaut sich um, läuft um die Hundekauknochen herum und setzt sich auf einen anderen Sessel. Normalerweise sitzt Herr M. gerne selber in dem Sessel, von dem man aus in den Garten schauen kann. Aber da liegt die Hundedecke drauf und er hat es nicht gerne, wenn er lauter Hundehaare auf der Hose hat.
Er betrachtet Benno nachdenklich, der noch immer Gedankenversunken in den Garten schaut. Seine Rute ist noch immer aufgestellt.

Herr M. fragt:

„Warum bist du manchmal ängstlich?"

Bennos Rute sackt nach unten. Auch hat er den Kopf nicht mehr stolz erhoben. Er schaut weiterhin in den Garten, wo es nichts Besonderes zu sehen gibt.

„Ich ängstlich? Na, jetzt übertreibst du aber ein bisschen. Gut, ich gebe zu, wenn es gewittert oder stürmt, geht mir das ganz schön an die Substanz. Aber da ihr mir dann immer gut zuredet und mich lobt, scheint das ja wohl richtig zu sein, dass ich voll die Panik schiebe, wenn es draußen kracht. Wir kauern uns dann alle zusammen und dann hasse ich manchmal meinen Job als Teamchef. Niemand ist da, der mich beschützt."
Benno verstummt und starrt einen Moment in den Garten.
„Oder wenn wir draußen unseren Erzfeind – du weißt schon, den von der Ecke, der uns immer an den Zaun pinkelt - treffen, würde ich auch lieber im Boden versinken. Du kennst den doch. Der läuft immer mit hocherhobener Rute rum, seinen Menschen schön abgeschirmt im Schlepptau, stellt voll angeberisch und gefährlich die Nackenhaare und behauptet, dass ganze Viertel gehöre ihm. Und der sieht auch so aus, als wenn er sein Ding voll durchzieht. Sein Mensch hat offensichtlich auch nix zu sagen. Der sagt nur selten was dazu.
Manchmal brummelt er so was wie: „Ist ja gut Max." Das heißt doch, dass er mit dem Verhalten seines Hundes total einverstanden ist, oder? Da muss ich doch machen, dass ich weg komme. Schließlich bin ich der Teamchef und hab' die Verantwortung, auch für dich. Also, nix wie weg mit uns beiden."
Noch immer schaut Benno durch die Terrassentür in den Garten. Während er spricht, ist seine Rute ganz nach unten gesunken. Die Schwanzspitze hängt fast zwischen beiden Hinterläufen.

„Oder, weißt du noch, der Mann neulich abends, der uns auf dem Bürgersteig entgegenkam. Komplett dunkel angezogen und mit einem Drohfixieren in den Augen. Echt unheimlich. Da wollte ich wirklich lieber weg. Von dir kam ja mal wieder

nichts. Du bist mit mir stehengeblieben, hast mal wieder nichts gesagt und einfach abgewartet. Und das heißt für mich dann sofort, ich soll entscheiden, wie es weiter geht. Da hab ich gleich alles Fell gestellt, alles was ich hab', bis zum Schwanzansatz. Hab mich voll groß gemacht, auch wenn ich voll unsicher war. Sollte ja keiner merken. Dann hab mich total ins Zeug gelegt.
Und dann ist es mit dir wie immer, wie mit den fremden Hunden. Du ruckst an mir rum, als wenn du voll die Panik hast. Und dann schreist du meinen Namen und ich habe keine Ahnung, was Sache ist. Das macht mir Angst. Je näher der Typ kam, umso aggressiver wurdest du. Das Dumme an der Sache ist, dass ich in solchen Momenten niemanden habe, der mich beschützt oder mir hilft.
Ich bin also doch der Teamchef, stimmt's? Oder würdest du mich beschützen?"

Mittlerweile hat Benno mit hängendem Kopf auf der Stelle kehrtgemacht und sich neben Herrn M.'s Sessel auf den Boden gelegt.
Den Kopf auf die Pfoten gebettet, blickt er von unten nach oben und versucht in den Augen seines Menschen zu lesen.
Herr M. hat sich nach vorne gebeugt und schaut Benno mit hochgezogenen Augenbrauen an, während er zum wiederholten Male langsam den Kopf schüttelt. Seine Hand nähert sich Bennos Kopf, dessen Augen spontan größer werden. Im letzten Moment besinnt Herr M. sich anders und krault Benno hinterm Ohr. Der Hund lässt einen leisen Seufzer hören und entspannt sich unter der Ohrmassage.
Mmmmhh. Das tut guuuut.

Dann hält Herr M. inne und beugt sich weiter vor, um einen Kauknochen aufzuheben, der ziemlich genau vor Bennos

Nase liegt. Seine Finger haben den Knochen fast erreicht. Benno hält spontan die Luft an, wirft sich flach auf den Boden und knurrt leise. Herr M. überlegt es sich sofort anders und nimmt die Hand vom Kauknochen wieder weg.
Leise, als traue er sich schon gar nicht mehr zu fragen, wendet Herr M. sich an Benno.
„Einiges habe ich jetzt schon begriffen." Er seufzt, als wisse er die Antwort eigentlich schon.

„Warum bist zu Hause manchmal aggressiv?"

Benno knabbert gelangweilt an dem Kauknochen herum, den er zu sich herangezogen hat, ohne ihn wirklich ins Maul zu nehmen. Er steht auf, streckt sich durch, um sich dann auf den Teppich plumpsen zu lassen.

„Willst du oder kannst du es nicht verstehen?" fragt Benno, legt den Kopf schief und sieht seinen Menschen an.
„Ihr habt mir hier den Job gegeben, der Teamchef zu sein. Ihr habt mir, als ich einzog, den wichtigsten Raum in der Wohnung als Schlaf- und Ruheplatz zugedacht, meine Küche. Damit ich die Lebensmittel, den Kühlschrank und meinen Futterschrank bewache, weil ihr das ja nicht wollt oder könnt, habt ihr mir ein Körbchen neben den Küchentisch gestellt. Mir gegenüber habt ihr diesen wichtigen Raum im Haus kommentarlos – wir Hunde würden sagen kampflos - aufgegeben, mich geradezu eingeladen, das Kommando zu übernehmen.
Ich bin schon sehr früh ins Grübeln gekommen, mit was für – sorry – Weicheiern ich es hier zu tun kriege. Denk' doch nur an die Geschichte mit dem Schweineohr. Entschuldige meine Ehrlichkeit, aber ich glaube, meine Mama wäre von euch als Ersatzeltern nicht gerade begeistert gewesen."

Den Blick fest auf das Gesicht seines Menschen gerichtet, leckt Benno sich kurz über die Schnauze.

„Und weil das mit der Küche schon so schön kampflos klappte, habe ich mich immer öfter in den Flur gelegt, weil ich außer der Küche auch noch die Eingangstür und das Wohnzimmer im Auge behalten muss. Mir darf ja schließlich nichts entgehen, was in meiner Wohnung passiert, wenn ich der Boss werden will oder soll. Da habt ihr mir dann dieses schöne neue Körbchen hingestellt. Ich habe euch verstanden und somit auch die Bewachung vom Rest des Hauses übernommen. Wie nett von euch, dass ihr es mir da auch noch gemütlich gemacht habt.

Beim Essen muss ich als Teamchef natürlich unterm Esstisch liegen, damit ich die Sache mit den Mahlzeiten im Auge habe. Besonders, wenn Besuch da ist. Da kann ich schon ganz schön sauer werden, wenn die sich an meinen Tisch setzen und essen wollen, was eigentlich mir zusteht. Manche Besucher kann man gut manipulieren, lieb Kulleraugen machen und schon geben die sofort was vom Essen ab. Manche muss man erst anknurren und schnappen, weil die nichts hergeben. Die kommen dann auch nicht mehr in meine Wohnung. Recht so.

Ich hab' viel von meiner Mama und meinen Geschwistern gelernt. Nämlich wer schnell und heftig ums Fressen feilscht, der wird groß und stark und hat voll die Chancen bei den Mädels. Du weißt schon.
Der Clevere kriegt also die beste Beute. So wie mit den Kauknochen. Die rückt ihr immer sofort raus, so bald ich euch lange genug anschaue. Dann knabbere ich ein bisschen und probiere aus, ob ihr euch traut, doch mal einen davon selber zu essen, in dem ich ihn liegen lasse. Wenn

ihr dann hingefasst habt, als ich kleiner war, bin ich schnell damit abgehauen und ihr habt gelacht, weil ich so mutig war – glaube ich.
Später musste ich dann manchmal schon knurren, damit ihr die Griffel von meinen Sachen lasst. Ist ja schließlich meine Beute, o.k.?
Auch die Spielsachenbeute, die überall rumliegt. Traut sich doch keiner mehr von euch dran, ist alles meins. Und wenn doch, bin ich sowieso schneller. Bei Frauchen brauch' ich nur den Eckzahn zu zeigen und - schwupps - lässt sie die Finger von meinen Sachen. So hat meine Mama mir das vorgemacht und ich mache das mit euch.

Oder wenn ihr mich bürsten wollt, obwohl mir überhaupt nicht nach Körpermassage zumute ist und diese blöde Drahtbürste auch noch weh tut. Dann muss ich eben auch mal knurren, damit ihr wisst, wann ihr aufzuhören habt. Ich bestimme schließlich, wann geschmust wird und Bürsten gehört bestimmt nicht dazu. Schon gar nicht, wenn's weh tut.

Kurz und gut, nachdem ihr mir schon freiwillig die Küche, den Flur und den Esstisch überlassen habt, war es mir schnell klar, dass ihr auch nicht wirklich das Sofa und Bett alleine haben wollt. Ihr habt mich ja gleich bei meinen ersten Anfragen (man probiert es erst mit den Vorderpfoten, dann langsam mit dem ersten Hinterbein...) mit zu euch raufgezogen, zum Schmusen – echt super.
Nur manchmal hab' ich halt keinen Bock mehr auf Gesellschaft, möchte schlafen und muss dann auch mal deutlicher werden mit Knurren und so, damit ihr mich endlich in Ruhe lasst.

Mein Job ist nämlich ganz schön anstrengend, kann ich dir sagen. Immer aufpassen, wo alle hingehen in der Wohnung, damit ich alle unter Kontrolle habe. Da kommt man ja kaum zum ausruhen. Kann schon sein, dass ich dadurch leicht gereizt reagiere. Im Großen und Ganzen seid ihr schon brav, kann man sagen. Aber manchmal verstehe ich euch nicht.
Wenn ich schmusen will, macht ihr sofort mit. Wenn ich spielen will, seid ihr zwar manchmal etwas zäh, aber nach ein paar Aufforderungen klappt's dann. Wenn ich will, dass mir jemand die Terrassentür oder den Leckerlieschrank öffnet, seid ihr sofort zur Stelle. Und kaum ist jemand zu Besuch, glaubt ihr wohl, ihr könnt machen, was ihr wollt.

Obwohl da Leute dabei sind, die ich in meiner Wohnung nicht gerne sehe. Da ich ja immer zuerst an der Tür sein durfte von Anfang an, dachte ich mir, dass ich aussortieren darf, wer willkommen ist und wer nicht. Da sind welche dabei, die sind echt nett. Die kümmern sich auch immer zuerst um mich und dann um meine Untergebenen. Macht doch Spaß, wenn sich alle freuen. Da müsst ihr halt mal warten, bis ihr dran seid.
Und dann kommen manchmal welche, die mag ich nicht hier haben. Die kommen mit der Hand von oben über mich, dieser „Ich-unterdrück-dich-wenn-ich-will-Geste" hier rein, obwohl ich dann versuche den Kopf wegzuziehen. Da muss ich dann auch manchmal schnappen.

In den letzten Monaten wurdet ihr übrigens immer aggressiver zu mir, wenn Besuch kam. Ihr seid dann an der Eingangstür schon so grob zu mir und ruckt an meinem Halsband herum, so dass ich langsam wirklich glaube, ihr habt Angst vor den Besuchern. Dann schreit ihr mit mir rum und ich muss auf meinen Platz gehen. Sobald ich aufstehe,

schreit ihr mit mir rum. Und da ihr immer so nervös seid, wenn Besuch da ist, wäre es mir mittlerweile lieber, es kämen gar keine Besucher mehr. In meiner Küche und in meinem Esszimmer haben die sowieso nichts zu suchen.
Ihr mögt die Besuchersituation ja offensichtlich auch nicht, so aggressiv, wie ihr dann immer drauf seid.
Und weil das alles so ist, wie es ist, muss ich meine Wohnung und mein Rudel eben beschützen. Ich bin eigentlich überhaupt kein aggressiver Typ. Aber hier im Haus herrscht ja in letzter Zeit ein ganz schön aggressiver Umgangston. Dem habe ich mich angepasst.
Wie man in den Wald hinein ruft, so hallt es heraus, stimmt's?"

Benno hat sich mitten ins Wohnzimmer gelegt und dreht seinem Besitzer den Rücken zu. Herr M. hat sich im Sessel zurückgelehnt und schaut an die Decke. Er hat sich kurz ein paar Notizen gemacht und diese wieder auf den Couchtisch gelegt. Er verschränkt die Arme hinter dem Kopf und streckt sich.
Dann beugt er sich vor, nimmt einen Kauknochen vom Boden auf, wirft ihn in die Luft und fragt:

„Und warum jagst du Tiere, obwohl ich Nein sage?"

„Nein, was heißt Nein? Ich jage eben gerne. Und wenn dann mal ein lebendiges Tier vor einem wegrennt, macht es doch doppelt Spaß. Du glaubst doch nicht, dass ich dich da vorher um Erlaubnis frage? Das hast du auch noch nie verlangt. Ich habe doch die Entscheidungsgewalt über die Beute schon bei uns zu Hause. Ich kann mir doch nehmen, was ich will. Ich hab's dir doch vorhin schon erklärt. Warum, wenn ihr zu Hause alles kommentarlos abgebt, warum um

alles in der Welt sollte ich draußen fragen, bevor ich etwas fresse oder hetze?
Jagen macht Spaß, ist Energieverbrauch, fördert die Kondition. Ist geil. Und dann rufst du manchmal AUS. Obwohl ich noch gar nicht fertig bin mit Hetzen.
Ganz davon abgesehen. Was meinst du in dem Moment eigentlich mit AUS? Ich dachte immer AUS heißt unser Zerrspiel? Da kann ich doch unmöglich meine Rennerei wegen eines Zerrspiels unterbrechen. Das musst du doch verstehen.
Du musst mir übrigens auch nicht immer mit HIER hinterherbrüllen, wo du gerade stehst. Das weiß ich doch. Ich weiß ja Minuten später noch, wo ich dich wieder finde. Du brauchst also keine Angst zu haben, dass ich dich nicht wieder nach Hause bringe."

Benno schnappt sich blitzschnell den Kauknochen aus Herrn M.'s Hand und schleudert in hinter sich ins Wohnzimmer. *Griffel weg.* Dann schaut er seinen Menschen wieder an und spricht weiter:
„Also noch mal, ganz deutlich: Wenn ich täglich drinnen und draußen in so vielen Situationen frei entscheiden kann, warum sollte ich dann auf mein Lieblingshobby, das Jagen, verzichten?

Und was heißt eigentlich dieses NEIN, NAHEIN?
Heißt das, du willst den Hasen nicht selber jagen? Oder hat es mit diesem anderen Wort zu tun FEIN, FAHEIN? Das klingt irgendwie genauso. Ihr seht übrigens, wenn ihr das sagt, auch immer so ähnlich aus im Gesicht. Ich kann mir da keinen Reim drauf machen. Manchmal dachte ich auch schon NEIN wäre mein zweiter Vorname. Das NEIN FEIN kommt in so unterschiedlichen Momenten vor, da blickt

doch kein Hund mehr durch. Ich such' mir dann die für mich passende Lösung.
Wenn ich meine Spielkumpel von weitem sehe, darf ich ja auch immer losrennen, ohne dass ihr etwas zu mir sagt.

Wenn ihr den Ball wegschmeißt, kann ich ja auch schneller hinterherhetzen als ihr und wir machen das dann noch mal und noch mal, nach dem ich ihn gnädigerweise wieder zu euch gebracht habe. Ich bin ja großzügig. Und du musst zugeben, bei den Hetzspielen mit meinem Ball oder einem Stock hattet ihr nie etwas dagegen, dass ich die Dinger jage. Das macht euch doch auch immer Spaß.
Aber du musst zugeben: lebendige Tiere hetzen macht viel mehr Spaß. Du weißt doch, dass alle Hunde Beutegreifer sind, auch wenn es den meisten von uns nur ums Hinterherrennen geht. Findest du nicht auch, dass das eine tolle Beschäftigung ist?"

Benno steht wieder aufrecht vor seinem Besitzer und wedelt freudig.
Herr M. schüttelt den Kopf und beginnt zu grinsen. Dann fängt er schallend an zu lachen. Benno wedelt noch mehr. Seine Mundwinkel sind ganz nach hinten gezogen und er sieht aus, als würde er auch lachen. Seine Augen leuchten. Dann stellt er sich zwischen Couchtisch und Sessel quer vor die Knie von Herrn M., der wieder aufgehört hat zu lachen, und lässt sich kraulen. Gleichmäßig massierend fährt Herr M. mit seinen Fingern durch Bennos Fell. Der drückt sich noch etwas fester an die Beine seines Menschen. Eine Weile sagt niemand etwas. Beide scheinen ihren Gedanken nachzuhängen und genießen dabei den Moment.

„Ich habe soviel falsch gemacht, Benno. Das tut mir leid. Ich habe es nicht mit Absicht getan." Herr M. krault weiter. Ben-

no hat die Ohren an den Kopf gelegt, seine Rute hängt entspannt herunter, er leckt seinem Menschen die Hand ab.
Wie du meinst.

„Wir werden ab sofort einiges verändern müssen. Ich werde mich ändern müssen.", sagt Herr M. und schaut auf seinen Notizzettel auf dem Couchtisch. Benno streckt seine Schnauze über den Couchtisch, macht einen langen Hals und versucht, das Blatt Papier mit den Zähnen zu erwischen.

„Lass das!", faucht Herr M. seinen Hund spontan an und greift schnell nach dem Papier, damit der Hund die wichtigen Notizen nicht kaputt macht.
„Oh, entschuldige, ich wollte nicht unhöflich sein, Benno, tut mir leid.", murmelt Herr M.
Benno zieht sofort die Schnauze zurück und leckt sich schnell über die Lefzen.
„Nein Sir, schon o.k.", sagt Benno. „Ich hab's ja kapiert, dass dir der Wisch wichtig ist. Das ist für mich völlig in Ordnung. War ja eine klare Ansage. Ich wünschte, du würdest dich öfter so deutlich ausdrücken. Du brauchst dich auch nicht zu entschuldigen, du hast mir nichts getan. Du warst lediglich deutlich für mich zu verstehen. Ich finde das toll, nicht schlimm. Kommt ja leider selten genug vor."
Benno hat sich etwas von Herrn M. entfernt und wartet ab. Er wirkt entspannt.
„Na prima" antwortet Herr M. und lächelt seinen Hund herzlich an. „Ich werde mich ändern. Ich verspreche es dir."
Benno trottet wieder näher an seinen Menschen heran, lehnt sich an Herrn M.'s Beine und wedelt freudig.

Unterschiedliche Interessen

Biene dreht sich auf dem Sofa im Kreis, während sie ihre Kuscheldecke zu einem schrumpeligen Haufen zusammengräbt.
„Und jetzt?", fragt sie, nachdem sie sich auf ihren Kuscheldeckenklumpen hat fallen lassen. „Wie soll das jetzt weiter gehen? Stellt Herr M. jetzt neue Regeln auf? Das kann ich mir von ihm schwer vorstellen. Du weißt doch selbst, dass es vielen Menschen zu anstrengend ist, konsequent und zusätzlich einfallsreich zu sein. Es ist ja schließlich eine Menge Arbeit, wenn man sich mit seinem Hund effektiv auseinandersetzen möchte. Es kostet Zeit und man hat so manche Schwierigkeiten und Interessenskonflikte.
Die Menschen müssen viel Geduld und Fantasie mit uns haben. Und ich weiß, dass ist in eurem hektischen Alltag nicht gerade eure Stärke.
Und dann stellt sich die nächste Frage: Will Benno sein Leben einfach umkrempeln lassen? Auch das kann ich mir nur schwer vorstellen. Es gibt ja viele Aspekte in seiner Teamchefrolle, die er offensichtlich genießt."

Ich sitze neben Biene auf meiner Seite des Sofas, mit dem Laptop auf den Knien. Ich fasse meinen Hund in diesem Moment nicht an, weil ich weiß, dass sie es nicht besonders mag, wenn man an ihr rumgrapschelt, wenn sie müde ist. Sie wird dann nicht etwa böse, sondern geht nach einigem Protestgegrummel und Kopfabwenden vom Sofa runter und legt sich woanders hin. Sie ist gerne sehr nahe bei mir, aber nicht immer mit Körperkontakt.
Es gibt Hunde mit größerer Individualdistanz und aber auch völlig distanzlose Hunde. Dies variiert rassespezifisch-, charakter- oder erfahrungsbedingt und außerdem nach Situati-

on oder Tagesform. Das sollte man unbedingt individuell erkennen und respektieren können.

Biene und meine Knuddelrituale finden meist auf dem Fußboden statt. Sie steht dabei gerne vor mir, drückt ihren Kopf an meine Schienenbeine und lässt sich komplett durchmassieren.
Im Gegensatz zu Willi, der Kraulereien immer genießt, sobald er müde und gemütlich herumliegt. Kontaktliegen und der Austausch von Zärtlichkeiten (soziales Komfortverhalten) ist bei Hunden sehr unterschiedlich ausgeprägt. Wie bei Menschen auch.
Man findet, wenn man seine Hunde genau beobachtet, sehr schnell heraus, wann und wo ihnen welche Geste/Berührung angenehm oder unangenehm ist. Man muss nur mal seine eigenen, oftmals menschlich egoistischen Bedürfnisse hintenanstellen und den Hund genau in seiner Reaktion beobachten.
Und wenn man es herausgefunden hat, kann man es sehr schön als positive Motivation einsetzen. Wobei man darauf achten sollte, ob der Hund diese Gesten und Berührungen im Haushalt oder im Außenbereich unterschiedlich empfindet. Deshalb ist Knuddeln als Lob – drinnen wie draußen - für die meisten Hunde auch nicht wirklich angenehm, sondern viel eher verunsichernd. Ein überschwänglich freudiger Gesichtsausdruck und die dazu passenden Lautäußerungen sind ihnen meist viiiel lieber.

„Du hast vollkommen Recht", erwidere ich meiner alten, weisen Terrierdame. „Es wird nicht einfach für die beiden. Aber der Erfolg durch Veränderung der Beziehung, der Kommunikation, der Berücksichtigung hündischer Erwartungen und Befindlichkeiten wird sie beide motivieren. Herr M. wird sich sicherlich bemühen."

„Mühe allein genügt nicht!", ertönt es neben dem Sofa. Willi liegt immer noch auf dem Rücken und ich dachte er schläft. „Sei nicht so vorlaut", antworte ich ihm, doch er wedelt nur einmal kopfüber und stellt sich wieder schlafend.

Unter Bienes Decke auf dem Sofa guckt ein alter Kauknochen hervor, den sie sicher vor ein paar Tagen dort vergraben hat, um ihn sich für magere Zeiten aufzuheben.
Ich ziehe ihn unter ihrer Decke bzw. ihrem Körper hervor und sie schaut interessiert zu. Sie reckt die Nase danach und schaut mich direkt an.
„Nein Spatzl", sage ich zu ihr „den lege ich jetzt mal weg, der hat hier gar nichts zu suchen." Sie dreht den Kopf zur Seite und zeigt mir durch ihren Verzicht an, dass sie verstanden hat. Das sie Respekt vor meiner Entscheidung hat.
Ich lege den Kauknochen auf den Tisch. Meine Hunde respektieren, dass ich in unserer Futterrangordnung über ihnen stehe. Sie wissen, dass sie nichts durch Aggression verteidigen oder jagen dürfen, was für sie zum Thema Beute gehört.
Egal, ob es sich um einen lebenden oder um einen leblosen Gegenstand handelt.
So, wie sie von klein auf gelernt haben, dass es ihnen in unserer Familie - sprich ihrem Rudel - verboten ist, ihre Zähne gegen mich, meinen Mann, andere Menschen oder Hunde einzusetzen. Sie haben eine natürliche Beißhemmung erlernt.

Der Ausdruck „natürliche Beißhemmung" ist zugegeben etwas irreführend. Es klingt, als hätte jeder Hund natürlich eine Beißhemmung. Das ist aber leider nicht so. Im Alter von etwa elf Wochen beginnen Welpen sich mittels heftiger Bisse durchzusetzen. Dieses Verhalten wird ihnen sofort und unmissverständlich von älteren Hunden oder auch

Gleichaltrigen, schnell, unfreundlich und manchmal schmerzhaft abgewöhnt, sofern vorhanden.
Und genau diese Schreck- oder auch Schmerzerfahrung ist enorm wichtig für ihr ganzes späteres Leben. Sind leider keine Artgenossen für diese Erziehungsphase vorhanden, müssen die neuen Besitzer in ihrer Rolle als Ersatzeltern diese Aufgabe erfolgreich übernehmen. Das ist ihre Pflicht. Das schmerzhafte Zubeißen durch Welpen ist kein Kavaliersdelikt.
Jeder Hund muss eine Beißhemmung bis zum Ende seiner Prägephase (ca. sechzehnte Lebenswoche) erlernt haben, damit er seine Zähne nicht all zu gern in beschädigender Weise zum Durchsetzen oder Wahren seiner eigenen Interessen einsetzt.
Ein Hund, der seine innere Haltung: „Finger weg!" mit beschädigendem Beißen durchzusetzen gelernt hat, wird früher oder später aus der Familie entfernt, im schlimmsten Fall eingeschläfert.

Das Tragische an der Sache ist, dass manche Menschen sich dieser wichtigen Erziehungsphase nicht bewusst sind, sie von niemandem richtig aufgeklärt werden oder im schlimmsten Fall hoffen, der Hund werde schon vernünftig, wenn er älter wird.
Mir ist es leider schon oft passiert, dass ich mit Hundebesitzern speziell an der Beißhemmung ihres jungen Hundes arbeiten musste, weil sie weder von ihren unqualifizierten Trainern noch vom Züchter über dieses Thema aufgeklärt worden waren.
Ein Hund, der keine Beißhemmung erlernt hat, verhält sich in vielen Momenten asozial und ist unberechenbar aggressiv, sprich gefährlich. Einem erwachsenen Hund eine Beißhemmung nachträglich beizubringen ist nicht nur sehr gefährlich, sondern auch vom Besitzer selbst kaum zu schaf-

fen. Das kann nur in Zusammenarbeit mit einem absolut kompetenten Fachmann/Fachfrau erfolgen.

Im Hunderudel gehen ranghöhere Tiere unerbittlich und ganz bewusst unhöflich mit den „kleinen Beißern" um, um eben Verletzungen an den für das Rudel verantwortlichen Tieren zu vermeiden. Das ist eine wichtige, strenge und autoritäre Zurechtweisung (ohne Beschädigung des Flegels), die dem Erhalt der Gesundheit der Rudelmitglieder dient.

Der junge Wilde, der sich eventuell heftig wehrt und sogar schreit, wird so lange gezwungen auf dem Rücken liegen zu bleiben, bis er locker und freiwillig da liegt. Dann fährt der überlegene Hund mit seiner Schnauze vom Hals des Flegels über den Bauch bis zu den Genitalien und zurück, um den Kleinen dann mit einem Stupps als erfolgreich zurechtgewiesen zu entlassen.
Diese Aktionen können mehrere Minuten dauern. Je nachdem, wie heftig sich der Kleine wehrt. Aber er wird lernen, es ist nur zu seinem Besten. Auch da sind Hunde für uns die besten Vorbilder in Sachen Hundeerziehung. Sie agieren schnell, heftig und eindeutig. Die Kleinen kapieren und respektieren künftig, wie weit sie gehen dürfen. Autoritäten werden geachtet und alle sind hinterher wieder nett zueinander. Diese Form von Zwang oder auch Gewalt (in Sinne von konsequentem Durchsetzungsvermögen) gehört in einem Hundeleben zu überlebenswichtigen Erfahrungen, die jeder Hund mehr oder weniger intensiv machen muss. Die Intensität bzw. Heftigkeit hängt aber immer von der Situation und/oder den Beteiligten ab.

Diese Erziehungsmaßnahmen von Hunden untereinander sind übrigens der beste Beweis, dass Erziehung ganz ohne Zwang in den allermeisten Fällen nicht möglich ist, auch wenn es uns einige Trainer mit gefährlichem Halbwissen weismachen wollen. Ein erziehender Hund käme in einer solchen Situation nie auf den Gedanken, es zu ignorieren, wenn sich der Welpe in ihn verbeißt oder ihn wegen Beute anfletscht. Er käme auch nie auf die Idee mit Futterbrocken um sich zu schmeißen, um den Welpen mittels positiver Motivation auf andere Gedanken zu bringen. Für junge Wilde gilt im Rudel eine andere Art von positiver Motivation: nicht noch mehr Ärger zu bekommen ist auch positiv.

Natürlich kann es auch vorkommen, dass bei Streitigkeiten zwei ebenbürtige Gegner aufeinander treffen. Dann kann es auch schon mal zu einer sehr heftigen Auseinandersetzung kommen, weil keiner nachgeben möchte, sich jeder kompetenter fühlt. Sind ranghöhere Tiere anwesend, gehen diese meist irgendwann dazwischen, um für Ruhe zu sorgen. Hündinnen sind bei solchen „Rangkämpfen" untereinander übrigens meistens brutaler und unnachgiebiger als Rüden. Deshalb gilt auch für das Thema Auseinandersetzungen - um was auch immer -, dass es immer individuell und unterschiedlich intensiv ablaufen kann. So individuell, wie Individuen eben nun mal sind.

Biene zog diese erzieherischen Maßnahmen nicht nur bei Cindy und Willi souverän durch, sondern auch bei unzähligen Welpen innerhalb der acht Jahre, in denen sie in unserer Welpenstunde als „Kindergärtnerin" tätig war. Diese Hunde haben, solange sie (manchmal Jahre) in unsere Hundeschule kamen, Biene „umschleimt", geliebt und freudigst respektiert. Und sie hat dies nie ausgenutzt.
Biene hatte auch immer ein besonderes Gespür dafür, welcher Hundebesitzer zu nachgiebig/hilflos mit seinem Welpen war. Sie übernahm dann die Rolle der Erzieherin, wies den Welpen so zurecht, dass er sich wieder anständig und

unaggressiv benahm. Dann ließ sie von ihm ab, lief schnurstracks zu dessen Besitzer/in, stellte sich vor denjenigen/diejenige hin, schaute ihn oder sie direkt an, wedelte kurz und marschierte ab. Die meisten Menschen riefen ihr dann etwas fassungslos und schließlich lachend ein: „Danke, Biene. Ich hab's begriffen!" hinterher.
Ich kann gar nicht sagen, wie sehr ich Bienchen in diesen Momenten bewundert habe.
Nun, nachdem Biene „in Rente gegangen" ist, hat Willi ihren Platz als Mitarbeiter in der Hundeschule perfekt übernommen.

Zurück zu Benno und seinem Herrchen. Stellen wir uns also vor, Herr M. nimmt sich seine Notizen zur Hand, um auf Bennos Fragen, die er sich während des bisherigen Gesprächs aufgeschrieben hat, glaubwürdig und ehrlich zu antworten. Denn am Ende jeder Antwort, die er von seinem Hund bekommt, stellt Benno seinem Besitzer eine Gegenfrage. Wie schon soooo oft.
Nur, dass Herr M. sie das erste Mal wirklich hören kann.

> *Unterschiedliche Sichtweisen*

„Du Hund – Benno - hast mich Mensch gefragt, ob ich Angst hätte, nicht mehr alleine nach Hause zu finden. Das habe ich erst für einen schlechten Scherz gehalten. Natürlich weiß ich, wo wir wohnen oder wo mein Auto geparkt ist. Ich hatte immer nur Angst, dass du mir wegläufst, wenn ich HIER gerufen habe und du nicht sofort kamst. Ich hatte größte Befürchtungen, dass du nicht mehr nach Hause findest, dass du etwas jagst und abgeschossen wirst, dass du über eine Strasse rennst und überfahren wirst. Da bekam ich Angst und Wut. Ich dachte, ich hätte mich unmissverständlich ausgedrückt. Ich wusste nicht, dass du dich langweilst, oftmals im Stich gelassen fühltest oder dass du viel zuviel selber entscheiden musstest.
Ich wollte deine Freiheit nicht einschränken und wurde sauer, wenn du in den für mich wichtigen Momenten nicht gehorcht hast. Dass du das nicht trennen kannst, so nicht empfinden kannst aus deiner hündischen Sicht, was wann für mich wichtig ist, ist mir jetzt erst klar geworden.

Ich bin oft müde oder in Gedanken, wenn wir draußen sind. Ich werde mein Verhalten überdenken und ändern. Ich werde deine Blicke und Gesten richtig (in deinem Sinne) beantworten und nicht mehr nach dir „grapschen", wie du es nennst. Ich werde mit dir wieder und wieder üben, was mein HIER-Wort tatsächlich zu bedeuten hat. Das wird dann ein Teil unserer neuen gemeinsamen Arbeit werden."

Benno schaut etwas skeptisch. Für ihn klingt Beschäftigung zwar verlockend, aber auch schon ein bisschen nach Einschränkung seiner hart erarbeiteten Freiheit. Es war schließlich nicht schlecht, Missverständnisse durch eigene Entscheidungen zu seinem persönlichen Vorteil zu lösen. Er geht wieder zu seinem Sessel und springt flott hoch, um es sich gemütlich zu machen.

Herr M. betrachtet unterdessen die Notizen auf seinem Papier und sagt: „Du hast mich gefragt, warum es mich auf einmal stört, dass du an der Leine ziehst." Er legt das Blatt auf den Tisch und lehnt sich im Sessel zurück. Er denkt eine Weile nach, legt ein Bein über das andere, schaut seinen Hund, der auf dem Sessel gegenüber liegt, nicht an, sondern betrachtet etwas betreten die Spitze seines Hausschuhs.
„Es hat mich immer gestört, wenn du gezogen hast. Aber als du noch ganz klein warst, wollte ich nicht, dass du so sehr am Hals gewürgt wirst vom Halsband. Dafür habe ich dir dann das Brustgeschirr gekauft. Aber dadurch wurde es fast noch schlimmer. Wir sind dann immer mit dir gerannt, weil wir dir nicht wehtun wollten. Wir hatten die Hoffnung, du würdest es selber merken, dass es nichts bringt, wenn du ziehst. Aber du hast nicht aufgehört. Wir haben es falsch angefangen. Das habe ich durch deine Antwort jetzt erst begriffen." Herr M. streckt seinen Arm aus und zeigt kurz mit ausgestrecktem Zeigefinger auf das Wohnzimmerfenster.

„Jeder da draußen, der seinen Hund nur wenige Male ziehen lässt, zu anderen Hunden, Menschen oder Gerüchen, bringt ihm praktisch bei, dass es funktioniert. Wenn du etwas interessanter fandest als uns und dahin wolltest, haben wir nachgegeben. Dich dann vor lauter Ungeduld und Zorn anzuschreien bringt natürlich gar nichts, außer Aggressivität auf beiden Seiten. Wie du es schilderst, konnte sich deine Mutter sehr wohl klar ausdrücken, wenn ihr sie nicht überholen durftet. Und die hatte nicht mal eine Leine zur Hilfe. Stopp ist Stopp – Basta, klare Regeln, konsequente Entscheidung. Klingt einfach."

Herr M. muss schmunzeln, da ihm der Vergleich mit seinem eigenen, talentfreien Chef wieder einfällt.

„Da wir Menschen dir keine richtige Führung mit oder ohne Leine gezeigt haben, musstest du ja denken, wir schließen uns dir absichtlich an. Deine sich steigernden Kräfte hast du dann mehr und mehr gegen uns eingesetzt, weil du gewohnt warst, das Tempo zu bestimmen. Dass unsere Erwartung (besonders bei Hundebegegnungen) von dir nicht erfüllt werden können, verstehe ich jetzt besser. Wie kann ein heranwachsender Hund wissen, dass viele Freiheiten, die er als ganz junger Hund in seiner Prägephase erlernt hatte, so plötzlich nicht mehr gelten sollen. Wie sollst du Hund verstehen, wie wir uns das Leben mit dir an der Leine vorstellen, wenn wir zunächst so ziemlich alles zu lassen und dann von einem auf den anderen Tag erwarten, dass du von alleine damit wieder aufhörst, nur weil du älter wirst. Das kann ja gar nicht funktionieren. Das sehe ich aber jetzt erst so, seit ich deine Antwort gehört habe.

Die Geschichte mit dem FUSS-Wort habe ich allerdings ganz anders in Erinnerung. Es ist schon sehr erstaunlich, wie anders und falsch du das alles verstanden hast. Und ich Trampel dachte, ich hätte mir wirklich Mühe gegeben, dich immer wieder daran zu erinnern, wenn du FUSS laufen solltest. Ich hätte nie gedacht, dass du bisher immer noch nicht begriffen hast, welche Bedeutung dieses Wort hat. Wir werden das in unsere tägliche Arbeit mit einbeziehen, damit du endlich lernen kannst, was wir Menschen unter dem Begriff FUSS wirklich verstehen.

Ich werde das Leinelaufen und Führung zeigen neu erlernen und diese Übung mit dir in unsere tägliche Arbeit einbeziehen. Da fällt mir eine kleine Zwischenfrage ein. Warum kannst du eigentlich so schön FUSS laufen, wenn du nicht angeleint bist?"

Benno hebt erstaunt den Kopf und stellt ihn etwas schräg. „Wie – ohne Leine FUSS? Was ist das denn überhaupt FUSS? Ich laufe halt gerne neben dir, aber nur ohne die doofe Leine. Du bist mit dem Ding echt grob und zoppelst dauernd daran rum. Das nervt. Stell dir mal vor, dich zupft dauernd jemand am Ärmel, zerrt dich hinter sich her- rums hier – rums da, motzt mit dir rum, obwohl du gerade mit den Gedanken und der Nase, ach nein - in deinem Fall mit den Augen, gaaanz woanders bist. Das macht mir voll Stress. Ohne Leine ist es neben dir viel schöner. Dann bist du netter. Weißt du, eigentlich bin ich ja gerne in deiner Nähe. Hauptsache, du patscht mit deiner Hand nicht wieder ganz plötzlich von oben auf meinen Kopf, dann gehe ich sofort weg. Du weißt schon."
Nach diesen Worten bettet Benno seinen Kopf wieder auf der Sessellehne und wirft seinem Menschen einen durchdringenden Blick zu. Er ist sich nicht so sicher, wie viel Talent sein Mensch für eine kompetente Teamchefrolle mitbringt. Bisher kann er es sich nur schwer vorstellen, diesen Menschen tatsächlich respektieren zu können.
Nein, nein, verkehrt ist der nicht.
Benno überlegt und schließt die Augen.
Aber sein Durchsetzungsvermögen, seine Disziplin – na, ich weiß nicht so recht.
Ob der zum Teamchef taugt? Lassen wir es mal drauf ankommen. Der soll sich mal beweisen.

Auch Herr M. lässt seinen Blick auf Benno ruhen. Er holt tief Luft. Schon die nächste Gegenfrage von Benno, die auf seinem Blatt Papier steht, gibt ihm das Gefühl, dass er seinen Hund nicht wirklich gut gekannt hat - bisher.

„Du hast mich vorhin gefragt: „Habt ihr wirklich nicht verstanden, dass ich vor Langeweile oft platze und gerne mit euch was machen würde?"
Nein Benno, wir haben ehrlich nicht gewusst, dass du so oft Langeweile hast. Ich dachte zunächst dein Bellen im Garten wäre normal. Aber als es dann immer schlimmer wurde, auch im Auto, da sagte mir jemand, das sei bestimmt Dominanzverhalten. Jetzt weiß ich, dass das Blödsinn war. Wir dachten immer, wenn du draußen viel alleine unternehmen kannst, gelegentlich kommst, wenn man dich ruft, dann würde es dir genügen. Ich dachte immer, der Hund soll ja nicht abgerichtet sein wie ein Zirkustier, nur sofort kommen, wenn ich ihn rufe. Ansonsten soll er seine Freiheit haben. Ich dachte, wenn du genug rennen kannst, bist du ausgelastet."

Benno öffnet seine Augen zu schmalen Sehschlitzen ohne den Kopf zu bewegen und wirft Herrn M. einen scheelen Seitenblick zu.
„Ja, klar, supernett von dir. Super-Freiheit: keinen Schutz, keine Ansprache, keine Arbeit, aber die volle Verantwortung, wenn's brenzlig wird. Nee, lass' mal gut sein. Und dann Schimpfe kriegen, wenn ich schließlich meistens das mache, was mir gerade Spaß macht. Da machen die Spaziergänge mit euch nicht wirklich Freude. Überhaupt machen sie mir in der letzten Zeit mehr Stress als Vergnügen."
Benno hat sich noch tiefer ins Polster gedrückt und schaut weg.

„Benno, es tut mir leid, dass du dich quasi arbeitslos fühlst. Ich hätte das nicht gedacht. Ich war auch oft zu fantasielos und abgelenkt. Wir werden auch das in unserer täglichen Arbeit drinnen und draußen ändern. Dann können wir dich vielleicht auch zukünftig wieder frei laufen lassen." Herr M.

hat sich nach vorne gebeugt, die Ellenbogen auf die Knie gestützt, und versucht Bennos Blick einzufangen.

„Außerdem", brummelt Benno „außerdem habt ihr doch immer mitgebellt, wenn ich im Haus, im Garten oder draußen so richtig losgelegt habe." Er hebt den Kopf und stellt die Ohren auf „Ich - so voll in Aktion, zum Beispiel in der Revierverteidigung in meinem Garten: WAU GRRRRR WAU und ihr habt dann gleich in der Terrassentür parat und habt mit eurem Gebrüll
„AUS - PFUI – AUS" mitgemacht. War doch geil, wie die Leutchen dann oft Kopfschüttelnd geflohen sind. Ich fand's cool.
Genau wie mein Trick, wenn ich so tue, als wäre da draußen einer, nur so zum Spaß. Dann kommt immer einer von euch zu mir nach draußen und macht kurz was mit mir oder ruft mich zum Leckerlie.
Erstens ist es mir im Garten alleine langweilig und außerdem gehorcht ihr auf's erste Bellen. Ist doch super."

Herr M. wirft den Kopf in den Nacken und lacht schallend. Benno macht große Augen und schaut seinen Menschen erstaunt an.
Er hebt den Kopf, hält ihn schräg und wedelt leicht. Gute Laune steckt eben an. Er mag das Lachgesicht seines Menschen.
Herr M. steht auf, nachdem er wieder einen Blick auf seinen Notizzettel geworfen hat. Er hat aufgehört zu lachen, woraufhin Benno sofort das Wedeln einstellt.
Herr M. verschränkt die Arme vor der Brust und stellt sich aufrecht fast direkt vor den Sessel, auf dem es Benno sich eigentlich gemütlich gemacht hatte. Benno schaut in das ernste Gesicht seines Menschen, fühlt sich verunsichert und legt die Ohren an.

„Du – ein Haushund – fragst allen Ernstes mich – deinen Menschen -, ob ich nicht auch der Meinung bin, es wäre dein gutes Recht, uns zu kontrollieren? Uns überall hin begleiten zu müssen, wütend zu werden, wenn du nicht mitdarfst, unsere privaten Dinge zu beschädigen und uns dann noch eine Standpauke zu halten, wenn wir wiederkommen?"
Herr M. steht in angespannter Haltung vor seinem Hund und schaut diesem direkt in die Augen.
Benno zieht das Genick ein und legt die Ohren noch flacher an den Kopf, wendet den Blick ab.

„Nein, Benno. Da bin ich ganz anderer Meinung. So hatte ich mir das Leben mit einem Hund nicht vorgestellt. Ich dachte, wir schaffen uns einen Hund an. Wir geben ihm gutes Fressen, führen ihn regelmäßig aus, indem wir mit ihm schön spazieren gehen, lassen ihn viel mit anderen spielen, bringen ihm ein bisschen was bei, schmusen viel mit ihm und alle sind glücklich und zufrieden. Ich wusste nicht, dass diese Form von Hundeleben darin gipfeln würde, dass du immer mehr selbst entscheiden willst und dann auch noch die Kontrolle über uns, unsere Wohnung und unseren Garten übernimmst."

Herr M. lässt die Arme hängen, dreht sich um und verlässt langsamen Schrittes das Wohnzimmer in Richtung Küche. Benno rutscht ruckzuck vom Sessel und überholt Herrn M. noch auf der Schwelle zur Küchentür, wobei er Herrn M. leicht zur Seite schubst, der ihm den Vortritt lässt. Benno schaut seinem Menschen zu, wie dieser eine leere Kaffeetasse wegräumt, um sofort seinen ganzen Kopf in den Geschirrspüler zu stecken. Manchmal kann man die gebrauchten Teller schon mal vorspülen – lecker!

„Verdammt noch mal Benno, hör' auf mit dem Mist, ist ja eklig!", schnauzt Herr M. seinen Hund an. Benno zieht sich erstaunt, aber zügig zurück. Oft genug ist es seinen Menschen nicht aufgefallen, dass er den Geschirrspüler als kaltes Büffet betrachtet. Manchmal haben sie sogar gelacht. Mal so, mal so. Die wissen einfach nicht, was sie wollen.

Während Herr M. sich ein frisches Glas aus dem Schrank nimmt, steht sein Hund ihm permanent im Weg. Herr M. geht um ihn herum zum Kühlschrank und Bennos Nase ist natürlich zuerst drin, als Herr M. dessen Tür öffnet.
„Nimm den Rüssel da raus, Benno!", schimpft Herr M. und schiebt seinen Hund sanft zur Seite. Benno schaut seinen Menschen erstaunt an, um sich dann in sein Körbchen in der Küche, gleich neben dem Küchentisch, zu legen.
Herr M. füllt sich ein Getränk in sein Glas und nimmt noch etwas frisch aufgeschnittene Salami aus dem Kühlschrank. Die Wurst legt er auf einen Teller und stellt sein Glas daneben. Als er sich an den Tisch setzt, steht Benno aus seinem Körbchen auf und legt sich unter den Küchentisch.
Herr M. steht auf, um sich eine Serviette zu holen. Sofort steht Benno auf und reckt die Nase auf den Tisch, um an die Wurst zu kommen.
Mmmmhhh – riecht aber wieder lecker.
Benno sabbert schon vor Freude und Gier. Er bemerkt, wie Herr M. zum Tisch zurückkommt und macht brav SITZ frontal vor Herrn M. und dem leckeren Teller. Bennos Stirn ist ganz rund und seine Augen ganz groß. Sein Blick ruht erwartungsfroh auf dem Gesicht seines Menschen.
Er legt den Kopf schief. Bei jedem Kauen und Schlucken seines Menschen neigt er seinen Kopf mal nach links, mal nach rechts. Herr M. schaut seinen „Hunger leidenden" Vierbeiner an und schmunzelt.
„Hör auf zu betteln."

„Nö."
„Doch!"
„Nein!"
„Dohoch!"
„Nahein!"
„O.k., aber nur eine Scheibe." Herr M. wirft Benno eine Salamischeibe zu. Schwupps – und weg. Inhaliert. Benno sabbert noch mehr.
Vor der Haustür hört man ein Geräusch am Briefkasten. Benno schaut schnell zur Ausgangstür, die er von seiner Sitzposition aus genau im Blick hat, und knurrt. Was ist jetzt wichtiger? Eine Scheibe Wurst oder der „Feind" vor der Tür? Benno schaut hin und her. Dann plötzlich klingelt es. Wie ein Blitz schießt der Hund durch den Flur an die Haustür und bellt mit tiefer, druckvoller Stimme.

„Mensch, Benno, halt' doch die Klappe.", schimpft Herr M. und packt den Hund am Halsband, um ihn von der Tür wegzuziehen. Benno wird noch wilder und stellt sich auf die Hinterbeine.
„Mensch, du würgst mich. Das tut weh. Das ist voll Stress." röchelt Benno und knurrt, um seinen Unmut auszudrücken. Herr M. öffnet mit seiner freien Hand die Tür und schnauzt seinen Hund an, der sich wie wild gebärdet und in einer Tour bellt: „Sei jetzt still! Aus! Aus! Komm - geh da weg. Ab. Ab auf deinen Platz! Ich hab gesagt, du sollst still sein! Hörst du nicht?" Herr M. hat alle Hände voll zu tun, den Hund auf dem rutschigen Flurboden unter Kontrolle zu bekommen. Vor der nun geöffneten Tür steht ein eingeschüchterter junger Mann mit einem Paket auf dem Arm. Benno und Herr M. stehen nebeneinander in der Eingangstür. Herr M. hält seinen Hund am Halsband ganz kurz und richtet seine Aufmerksamkeit auf den jungen Mann: „Der macht nix." Benno knurrt.

„Ich", stammelt der Paketlieferant, „ich bräuchte eine Unterschrift von Ihnen – geht das?"
„Ja natürlich, kommen Sie rein" Herr M. zieht den Hund am Halsband, der sofort wieder los bellt. „Sei jetzt still, Benno. Geh auf deinen Platz, sofort!", schnauzt Herr M. seinen Hund an, wobei er versucht, ihn in den hinteren Teil der Wohnung zu schieben. Er lässt ihn los und gibt ihm einen Schubs. „Ab, ab sage ich. Ab auf deinen Platz!"
Benno duckt sich kurz, brummt und zieht sich erhobenen Hauptes mit gestellter Rute in die Küche zurück, unter den Küchentisch.
Herr M. steht etwas unschlüssig im Flur und fordert den jungen Mann auf ihm, ins Wohnzimmer zu folgen. „Er ist immer ein bisschen aufgeregt, wenn Besuch kommt.", entschuldigt Herr M. das Verhalten seines Hundes und wirft einen schnellen Blick Richtung Küche. „Eigentlich ist er ganz lieb."
„Schönes Tier", murmelt der junge Mann, während er Herrn M. Papier und Stift zur Unterschrift hinhält. Benno ist derweil von der Küche unter den Esszimmertisch ins Esszimmer umgezogen und liegt in angespannter Haltung abwartend bereit. „Wir hatten auch mal einen Hund, aber kleiner." Der junge Mann wirft Benno einen unsicheren Blick zu. Benno hält dem Blick stand.
Herr M. ist mit dem Schreibkram fertig und gibt die Unterlagen zurück. Der junge Mann macht einen Schritt vor, um das Paket auf den Tisch zu stellen. Benno knurrt. „Vielleicht nehmen Sie das besser?", fragt er, weicht zurück und drückt Herrn M. das Paket in die Hand. Der stellt es schnell auf dem Esstisch ab, um die Hände frei zu haben.
„Bleib, Benno. Bleib Platz, Benno!", schnauzt er seinen Hund an und schiebt den jungen Mann mehr oder weniger höflich durch den Flur vor sich her, zur Ausgangstür, grüßt kurz und schließt die Tür. Benno steht schon direkt hinter

ihm und bellt lautstark.
„Ist ja gut, Benno. Ist alles in Ordnung. Der ist ja wieder weg." Herr M. klopft seinem Hund auf den Rücken.
„Ich hab' dir doch gleich gemeldet, dass der hier nix zu suchen hat. Hab' ich doch gut gemacht, oder? Wenn du mich jetzt sogar lobst."
Kopfschüttelnd betrachtet Herr M. nachdenklich seinen Hund und macht sich auf den Weg in die Küche, um den Rest der leckeren Wurst zu essen. Aber der Teller ist leer.

Klare Ansagen

„Oh oh!" murmelt Willi, der sich neben einem Sessel im Wohnzimmer zusammenrollt hat. „Jetzt gibt's Ärger."
„Ach was. Das kannste vergessen. Der blickt das einfach nicht", erwidert Biene neben mir.
„Wer?", fragt Willi und schaut Biene fragend an.
„Der Hund?"
„Nein. Der Mensch."

Beide verfallen in nachdenkliches Schweigen. Ich stehe auf, um mir frischen Kaffe aus der Küche zu holen. Biene hebt kurz den Kopf. Willi steht auf, tapst hinter mir her und wartet an der Küchentür, ob etwas Interessantes passiert. Als ich mich bücke, um Milch aus dem Vorratsschrank zu nehmen, macht Willi einen Schritt in die Küche. Ich werfe ihm einen kurzen, bösen Blick zu und er geht zurück hinter die Türschwelle. Als ich an ihm vorbeilaufe, um mich wieder auf das Sofa zu setzen, wedelt er mich kurz an, ich lache ihm ins Gesicht und zwinkere ihm zu. Er wedelt weiter und läuft mit der Nasenspitze in Höhe meiner Kniekehle hinter mir her zum Couchtisch.
Biene dreht den Kopf weg, weil sie den Geruch von Kaffee überhaupt nicht mag. Dabei fällt ihr Blick auf Willi, der direkt vor dem Sofa zum Stehen gekommen ist. Ihr Blick wird starr und ist genau auf Willi gerichtet. Willi versucht seinen Kopf auf das Sofa zu legen, um dichter an die Kaffeetasse zu kommen. Von Biene, die sich auf dem Sofa angespannt aufgerichtet hat, da sie keinen anderen Hund auf unserem Sofa duldet, erntet er einen kurzen, schnellen Schnauzgriff. Daraufhin zieht er sich sofort zurück und leckt sich über die Schnauze. Er trottet zurück zum Sessel und setzt sich aufrecht hin. Noch immer hat er den Blick auf meine Kaffeetasse gerichtet.

Das wiederum bedeutet, auch bei den Liegeplätzen ist die Rangordnung meiner Hunde geklärt.
Biene hat, seit Willi's Einzug, penibel darauf geachtet, dass der junge Rüde nicht die „Feldherrenhügel" erklimmen darf, die sie für sich beansprucht. Dazu gehört auch mein Bett.
Wie schon erwähnt, würde es Willi auch einen völlig falschen Eindruck meiner Position in unserer Gruppe geben, wenn ich ihm diese Privilegien – gegen Bienes Entscheidung – gestatten würde. Und nicht nur gegen Bienes Entscheidung, sondern man kann fast sagen, gegen ihre Empfehlung. Denn sie war es, die bei seinen ersten Versuchen, das Sofa zu erklimmen, erst mich durchdringend bis wütend anschaute, dann selbst die Initiative ergriff und ihn mittels Knurren, Nasenrückenrunzeln bis hin zum Schnauzgriff auf seinen Platz/Rang/Status verwies, wenn ich nicht reagierte.

Bienes Meinung nach habe ich sicherlich in den ersten Wochen, in denen Willi bei uns wohnte, nicht immer schnell genug gehandelt, so dass sie mir zeigte, wie „Hund" es richtig macht.
Und genau das wollte ich sehen. Um den Dominanzanspruch in Bezug auf gute oder strategische Liegeplätze durchzusetzen, setzte Biene nicht nur auf kurzfristig aggressive Kommunikation, sondern leider auch auf Geruchssignale. Sprich, als ich die Blicke meiner Hündin ignorierte, um zu beobachten, wie sie sich bei dem jungen Flegel letztendlich durchsetzt, pinkelte sie sogar einmal auf das Sofa, um ihren Anspruch auf diesen erhöhten Liegeplatz zu unterstreichen. Das ist der Preis, den man eventuell selber dafür bezahlen muss, wenn man an seinen Hunden Verhaltensbeobachtungen ohne Einmischung seitens des Menschen betreiben möchte. Einerseits war und ist es enorm interessant, wie sie solche Themen untereinander lösen und

wie sehr sie, bevor sie handeln, um unsere Einmischung bitten, sofern sie uns für kompetent genug halten. Andererseits konnte ich so beobachten, dass auch der Dominanzanspruch um die Ressource Liegeplätze ohne beschädigendes Verhalten untereinander geklärt wird. (Von der Reinigungsaktion des Sofas mal abgesehen.)

Das heißt aber wiederum nicht, dass Biene eine dominante Hündin ist. Sie kann sich aber in Bezug auf die strategischen Liegeplätze kompetenter durchsetzen. Auch das stabilisiert die Beziehung dieser beiden Hunde untereinander. Kontaktliegen kommt bei beiden in unserer Wohnung nicht vor. Allerdings in anderer Umgebung, wo diese kleine Zweiergruppe Geschlossenheit demonstriert, wie in Seminarräumen, Restaurants, fremden Wohnungen, bei Veranstaltungen usw., liegen beide oft eng aneinander gekuschelt. Hunde sind erstaunlich klar in ihren Aussagen, äußerst konsequent in ihren Handlungen und immer bedacht, Schaden zu begrenzen. Das kann man vom Menschen leider nicht immer nicht behaupten.

Willi lehnt sich nun an den Sessel und Biene springt vom Sofa. Sie läuft in lockerer Haltung auf Willi zu, gibt ihm im Vorbeigehen einen kurzen Stupps mit der Nase an seine Nase, die er ihr durch Kopfneigen entgegenhält, und beide wedeln kurz. Biene verlässt das Wohnzimmer. Kurz darauf hören wir das leise Schlabbergeräusch, dass Biene beim Trinken erzeugt. Sie ist im Bad und säuft, vorzugsweise aus Willis Schüssel.
Als Biene zurückkommt, springt sie behände auf den Sessel, neben dem sich Willi wieder abgelegt hat. Er rührt sich nicht, während sie es sich durch Um-die-eigene-Achse-Drehen und plumpsen lassen wieder bequem macht. Er liegt völlig entspannt und grunzt gemütlich.

„Was ich mich frage ist...", sagt Biene, „...warum der Herr M. eigentlich sauer auf seinen Hund ist? Eigentlich müsste er sauer auf sich selbst sein."

„Das ist ja genau das Problem, das viele Menschen haben", erwidere ich ihr. „Sie suchen die Fehler bei anderen, nicht bei sich. Und wenn es nicht so läuft, wie gewünscht, werden sie ungehalten bis ungerecht und machen andere für die Fehler verantwortlich."

„Da kann es aber zu üblen Auseinandersetzungen kommen, wenn wir Hunde unsere Ansprüche auf Ressourcen durch Intelligenz und auch durch Aggression durchsetzen wollen oder können, nur weil unsere Leute so schwach sind. Die Menschen nennen das natürlich lieb oder großzügig", gibt Willi zu bedenken. „Aber wir sehen das anders, wir sind ja schließlich hundeartige Raubtiere. Und dieser Benno hat seine Teamchefrolle, oder wie ich es nennen würde Elternpflichten, komplett übernommen. Weil seine Menschen dies nicht taten und auch nicht damit gerechnet haben, dass er es macht. Sein Haus, sein Garten, seine Leutchen, seine Küche, sein Sofa, sein Sessel, seine Beute... Was für ein stressiges Leben. Nicht gerade beneidenswert der Kerl. Nur ab und zu ein Triumph."

> Wer zu spät kommt,...

Herr M. schaut auf den leeren Teller. Er zieht die Augenbrauen nach oben und runzelt die Stirn.
Er war der festen Überzeugung, noch etwas Wurst übriggehabt zu haben. Von Benno ist nichts zu sehen.
Herr M. räumt das Geschirr weg und geht zurück ins Wohnzimmer. Dort liegt Benno wieder auf seinem Sessel und kaut genüsslich an einem Kauknochen, den er im Wohnzimmer aufgesammelt hat.
„Sag mal, hast du mir etwa meine Wurst geklaut, du Rotzlöffel?", schnauzt Herr M. seinen Hund an. Der unterbricht seine Knabberei und schaut erstaunt in die Augen seines Menschen.
Wie könnte ich...mir so eine Gelegenheit entgehen lassen?
Er hält den Blick fest auf Herrn M. gerichtet.
„Tut mir leid, Benno. Ich hab einen Moment lang gedacht, du hättest die Wurst geklaut", sagt Herr M. und schaut weg.
Benno sagt kein Wort, schüttelt kurz seinen Kopf, als wäre eine Fliege im Raum und kaut dann weiter.
Gerade noch mal gut gegangen. Tja, Herrchen, du musst noch viel lernen. Denn, wer zu spät kommt, den bestraft das Leben.
„Hast du was gesagt, Benno?"
„Nö."
Herr M. nimmt seine Notizen vom Couchtisch auf und setzt sich breitbeinig auf das Sofa, lehnt sich zurück, einen Arm auf der Couchlehne lang ausstreckt, in der anderen Hand das Blatt Papier. Auf der Couch liegt auch eine Benno-Decke, damit sein Fell nicht so sehr im Polster hängen bleibt. Herr M. liest und richtet seine Worte an Benno, während er gedankenverloren ein paar Hundehaare von seiner Hose pflückt.

„Um auf dein aggressives Verhalten an der Leine zu sprechen zu kommen..."
Benno lässt den Kauknochen fallen und richtet sich stocksteif in die Sitzposition. „Wie bitte?", schnauzt er.

„Benno, es ist gut. Reg' dich ab. Ich hab' ja verstanden. Das ist anscheinend auch nicht dein, sondern mein Problem. Ich habe dir da offensichtlich Dinge signalisiert und beigebracht, die ich so überhaupt nicht meinte oder ausdrücken wollte."

„Ja, warum hast du es dann nicht so gemacht oder gesagt, wie du es gemeint hast? Dauernd sagst du, du hättest dies oder das anders gemeint. Soll ich etwa Gedanken lesen können oder was?", fährt Benno seinen Menschen an. Noch immer sitzt er kerzengerade auf dem Sessel und starrt Herrn M. direkt an. Herr M. schaut seinen Hund eine Weile an, um dann seinen Blick wieder auf das Blatt Papier zu senken. Er verändert seine sitzende Position, indem er ein Bein über das andere schlägt und die Arme vor der Brust verschränkt. Das Papier lässt er achtlos auf das Sofa fallen und reibt sich dann mit einer Hand Stirn und Augen.

Nachdenklich schaut Herr M. seinen Hund an, stützt die Ellenbogen auf die Knie und reibt seine Handflächen aneinander und sagt:
„ Du fragst mich, ob ich es nicht tatsächlich gewollt habe, dass du an der Leine aggressiv reagierst. Nein, das habe ich so wirklich nicht gewollt. So, wie du deine Reaktion auf mein Verhalten beschreibst, klingt es nach dem guten alten Sprichwort: Wie man in den Wald hineinruft, so hallt es heraus! Ich hätte nicht gedacht, dass du mich so falsch verstehen würdest. Ich dachte immer, du bist an der Leine aggressiv, weil du andere Hunde auf einmal nicht mehr magst. Und das konnte ich mir nicht erklären und wollte dein Ver-

halten über Befehle abstellen. Wir werden beide lernen müssen, uns an der Leine anders zu verhalten. Wir hängen ja schließlich beide dran. Ich weiß auch, dass viele Leute sagen, das Übel hängt an dem oberen Teil der Leine. Ich hatte nur immer das Gefühl, eigentlich alles richtig gemacht zu haben. Ich habe deine Reaktionen völlig falsch interpretiert.
Es stimmt, am Anfang, als du klein warst, war ich großzügig, weil ich dir nicht weh tun wollte und dich nicht einschränken wollte. Du warst ja sooo süß und tollpatschig. Wir dachten nicht, dass dir diese Freizügigkeit, mit der Leine tun und machen zu können, was du willst, zur Gewohnheit werden würde. Dann, als du größer wurdest, ging mir deine Zieherei echt auf die Nerven. Und du weißt wohl auch schon, dass Geduld nicht gerade meine Stärke ist. Da habe ich gehofft, wenn ich nur ruppig genug zu dir bin, hörst du endlich mit Gezerre und Gepöbel auf. Ich dachte, nun wärest du alt genug, um vernünftig zu werden. Wir haben uns nicht überlegt, wie schwer es für dich sein muss, Gewohnheiten abzulegen, wenn du lange Zeit glauben musstest, wir seien einverstanden mit dem, was du tust. Ich werde mir ernsthaft überlegen müssen, wie ich dir meine Absichten und Gestimmtheiten vermitteln kann. Wir haben ja mächtig aneinander vorbei geredet!"
Benno ist wieder vom Sessel gerutscht und hat sich direkt in die Hände seines Menschen begeben. Er lehnt an den Beinen seines Menschen, lässt sich den Rücken und die Ohren kraulen und wedelt bei der Aussicht auf bessere Zeiten an der Leine. Wenn sie denn schon sein muss, was er beim besten Willen überhaupt nicht versteht. Er wird sich nie mit dem Ding anfreunden können.

„Die Leine ist für mich eines der widersprüchlichsten Dinge in meinem Leben.", murmelt Benno und legt seinen Kopf auf das Knie von Herrn M. „Es ist eine Einschränkung, die mich am normalen Umgang mit der Umwelt und mit Artgenossen hindert. Sie frustriert mich immer wieder aufs Neue. Besonders da ihr Menschen an dem Ding so unnötig viel rumzoppelt. Das macht mich ganz kirre. Wenn ihr woanders lang laufen wollt, macht es doch einfach und gut ist. Wenn ich zu einem anderen will und ihr wollt es nicht, geht doch einfach mit mir weg und schreit nicht rum. Was soll denn Hund von dem Geschreie halten? Dass ihr mit uns mit bellt, weil sich ein Konkurrent nähert?"

„Ich verspreche dir, wir werden das ändern, Benno. Ich werde mir bewusst machen, wie ich dir echte, souveräne Führung an der Leine vorleben kann, da sie ja nun leider sein muss – die blöde Leine. Ich werde mir zukünftig immer wieder sagen, dass ich - nicht immer zu hundert Prozent, aber in den für dich wichtigen Momenten der Entscheider für dich und mich sein muss. Ich muss dir Ruhe und Sicherheit vermitteln, damit ich dich nicht mit meiner Hektik anstecke. Ich möchte für dich der Teamchef oder vielmehr dein Ersatzvater sein. Die Verantwortung und die Pflicht habe ich, das habe ich jetzt verstanden."

Nachdenklich kaut Herr M. an seinem Kugelschreiber. Benno reckt die Nase und versucht ihm den Kuli aus der Hand zu ziehen. „Rüssel weg, du Depp, das ist gefährlich.", zischt Herr M.
O.k., Sir.
Benno leckt sich kurz über die Lefzen und zieht die Schnauze zurück.
„So ist es prima, braver Hund." grinst Herr M. und krault seinen Hund wieder am Ohr, wo der es besonders gerne mag.

Verständigung - Verständnis

„Da war es wieder!" sagt Biene und schaut mich mit strahlenden Augen an. „Was?" frage ich und habe das Gefühl, sie schmunzelt.
„Eigentlich kann Herr M. sich sehr gut mitteilen, wenn er im richtigen Moment aus dem Bauch heraus handelt. Nur verpeilt er meistens den richtigen Moment."
„Du meinst, wenn Benno ihm das Blatt oder den Kuli klauen will, stimmt's?", fragt Willi. „Das waren beide Male Momente, in denen Herr M. schnell reagiert hat, klar und deutlich, einfach authentisch war und Benno sofort wusste, dass er zu weit gegangen ist. Kommt mir irgendwie bekannt vor. Kurze präzise Ansage und dann weiter, als wäre nichts gewesen, zurück zur Tagesordnung mit positiver Stimmung. Ist doch ganz einfach. Und so stressfrei." Willi wirft Biene einen Blick zu und wedelt kurz.
„Jeder weiß, woran er ist, aber keiner hat ein schlechtes Gewissen oder ist nachtragend."
„Genau das meine ich", sagt Biene. „Ich glaube, der Typ ist durchaus lernfähig. Da Menschen aber zu oft viel zuviel nachdenken, sind sie manchmal einfach nicht schnell genug für uns. Oder sie haben so viel über Hundeerziehung gelesen oder gehört, dass es ihnen nicht mehr möglich ist, spontan nach ihrem Bauchgefühl zu handeln. Eigentlich bedauernswert."

„Da ist doch der einigermaßen intelligente Hund gezwungen, wie es seiner Natur entspricht, selber zu entscheiden. Wenn der Mensch bei Verboten nicht im richtigen Moment oder nicht für Hunde verständlich, ich meine hörbar und sichtbar reagiert. Wenn der Mensch, der seinen Hund loben will, auch wieder für den Hund nicht verständlich, völlig verunsichernd oder im falschen Moment bestärkend reagiert,

wie bitte schön, soll dann der Hund (der der menschlichen Sprache nicht mächtig ist) verstehen, was er darf oder was er toll macht oder was er gefälligst zu unterlassen hat?", gibt Willi zu bedenken.
„Das Problem, glaube ich, liegt daran, dass die Menschen sich viel zu sehr auf ihre Worte verlassen, statt auf ihre Körpersprache, wie wir das tun. Laber, laber, laber. Bla, bla, bla", sagt Biene und streckt sich einmal komplett durch.
„Und sie sind im falschen Moment höflich", fügt sie noch hinzu.
„Höflich? Was ist das?"
„Ach, du kennst doch diese Situationen, Willi, die wir schon so oft draußen erlebt haben, wenn ein Herrchen oder ein Frauchen sagt:
„Max, Sitz. Sitz, hab ich gesagt. Du sollst dich hinsetzen. Wird's bald? Kannst du nicht einmal sofort machen, was ich von dir verlange? Setz dich jetzt endlich hin! MAX!"

Willi hält den Kopf schief, von links nach recht und zurück und schaut Biene an. „Laber laber laber.....und dann, wenn der Hund ausprobiert, ob es vielleicht für die Körperhaltung „den Hintern am Boden" ein Leckerlie gibt sich und sich hinsetzt, was kommt dann? Erst kurz ein freundliches „Prima", wenn überhaupt, oder sofort, ohne Vorwarnung – platsch – die Hand auf den Kopf. Oje. Da nimmt doch jeder freundliche Hund lieber das Leckerlie und zieht den Kopf weg, steht auf und geht.
Das ist doch für uns keine angenehme Sache, dieser unfreundliche Griff von oben auf den Kopf oder in unseren Nacken. Da, wo wir die „Kampfpartner" egal ob spielerisch oder ernst packen, um sie zur Ordnung rufen oder Boden zu werfen. Damit kann man doch keinem Hund ein positives Gefühl vermitteln? Da bleibt einem doch nur: Schnapp das Futter und nix wie weg, bevor die Grapscherei wieder los-

geht. Und dann heißt es von den Menschen: „Der macht das alles nur gegen Leckerlie, der ist so unverschämt, dieser Hund. Es genügt ihm nicht, wenn ich ihn lobe." Pah! Dabei hat der Hund aus seinem Bauchgefühl heraus einfach lieber die Flucht ergriffen, weil es erst so schien, als habe er es mit dem Hinsetzen richtig gemacht und dann kam die widersprüchliche Reaktion – Griffel auf dem Hundekopf. Bedrohung von oben. Da verstehe einer den Menschen. Und uns wird unterstellt, wir wären undankbar, da hört sich doch alles auf!" Willi hat sich aufgesetzt und kratzt sich hektisch am Hals.

„Willi, Willi – mach' dich locker. Du musst dich nicht so aufregen. Menschen sind nun mal so. Die reden nun mal viel und schnell. Und die fuchteln dauernd herum und fassen uns gerne an. Aber sie meinen es nicht böse. Die brauchen das, den Körperkontakt, um uns zu zeigen, dass sie sich freuen. Nur übersehen die meisten Menschen leider viel zu oft, ob wir uns dann auch tatsächlich freuen oder nicht. Sie benutzen zwar Körpersprache, aber leider sehr oft nur aus ihrer menschlichen Sicht." Biene lässt den Kopf über die Sessellehne hängen und schaut Willi an. Dann blinzelt sie ihm mit beiden Augen langsam zu. „Komm Dicker, mach dich locker."
Willi blinzelt mit einem Auge zurück, legt sich wieder ab, den Kopf wieder auf seine Pfoten gebettet. „Aber du musst zugeben, dass diese Gesten Hunde verunsichern und frustrieren können, stimmt's?", fragt er mit einem kurzen Blick nach oben.
„Ja, Willi, ich weiß es", antwortet sie. „Aber ich weiß auch, dass viele Hunde sich im Laufe der Jahre an dieses merkwürdige Verhalten gewöhnen oder es zumindest mit stoischer Ruhe über sich ergehen lassen, andere nie. Nur diesen riesigen Umweg der Verunsicherung könnten sich viele

Menschen ersparen, wenn sie sich mehr in ihren Hund hinein versetzen würden. Würden sie mehr Wert darauf legen, wie sie mit ihrer Stimme und ihrem Gesichtsausdruck wahre Freude, Begeisterung, Herzlichkeit und ihre Liebe signalisieren können, würde vieles in der Erziehung oder der Auseinandersetzung schneller klappen.

Diese Unart, uns ihren Körperkontakt im falschen Moment aufzudrängen und unsere Bedürfnisse nicht zu sehen, ist überheblich und kontraproduktiv. Dabei freuen wir uns doch kindisch über positive Erlebnisse und Bestärkung, nur eben meist anders als sie. Aber weil Her M. so nachdenklich geworden ist, glaube ich, dass er durchaus lernfähig ist.

Und einen großen Vorteil haben wir Hunde: Wir haben sooo viel Geduld mit unseren Menschen."

> *Ersatzeltern*

„Du fragst mich, ob ich dir die Teamchefrolle nicht absichtlich übertragen habe?" Herr M. krault noch immer seinen Hund, der vor dem Sofa an seine Beine gelehnt steht.
„Nein, Benno, beim besten Willen nicht. Du solltest dich nicht in der Chefrolle fühlen und dadurch Ängste ausstehen müssen. Anscheinend hatte ich nicht bemerkt, wie sehr du meine Unterstützung nötig gehabt hättest, in den für dich wichtigen Momenten. Ich habe wohl deine fragenden Blicke nicht gesehen, sondern nur, wenn es schon zu spät war, auf dein Verhalten reagiert. Es muss auf dich gewirkt haben, als hätte ich mich hinter dir versteckt oder als sei es mir egal, was du tust.
Eigentlich sollte ich, als dein Ersatzvater oder wie du sagst „Teamchef", handeln, und du solltest dich mir anschließen können. Ich will nicht immer nur über dich entscheiden zu hundert Prozent, aber in den für dich wichtigen und entscheidenden Situationen muss ich es wohl tun. Das war mir nicht bewusst." Ruhig und sanft massiert Herr M. Bennos Brustfell. Benno hat sich gesetzt und genießt die Massage.

„Bei Gewitter wollten wir dich eigentlich trösten und haben dich dummerweise bestärkt, als hätten wir auch Angst. Wir haben dir also keinen Rückhalt gegeben, obwohl wir es gewollt haben. Das habe ich jetzt verstanden. Du hast das wieder als Schwäche unsererseits ausgelegt. Du hast uns aber verdammt viel und genau beobachtet, Kollege. Aber, dass du daraus den Schluss ziehst uns führen, kontrollieren und beschützen zu müssen, darauf wäre ich nicht gekommen. Aber keine Angst, den Job nehme ich dir wieder ab.

Als wir dich angeschafft haben, hatte ich sehr elterliche Gefühle für dich - dieses kleine schützenswerte Wesen.

Ich muss mich nur wieder darauf besinnen, dass es immer so bleiben sollte, so lange du bei uns lebst. Wir sind deine Ersatzeltern, die dich anleiten, fördern oder bremsen müssen. Ich wusste nicht, dass ich dir durch meine Ausstrahlung zudem auch Schutz und Sicherheit vermitteln kann und muss. Aber ich habe jetzt verstanden, dass es meine Pflicht ist, und die erfülle ich gerne, mein Freund. Ich muss nur etwas an mir arbeiten." Herr M. klopft seinem Hund kräftig, kameradschaftlich auf die Schulter.
Benno lässt sich daraufhin zu Boden gleiten und präsentiert seinem Besitzer den Bauch zum Kraulen. Benno ist völlig entspannt und genießt den Moment.
Na, da bin ich ja mal gespannt.
Plötzlich rollt er sich abrupt auf den Bauch und spitzt die Ohren. Dann bellt er los, wie ein Wilder.
„Benno, was ist denn los? Es ist doch gar nichts."
Doch, doch, doch – sie kommt, ich hör's, ich hör' das Auto!!!

Wie von der Tarantel gestochen rast Benno durch den Flur vor die Haustür und bellt in einer Tour in den höchsten Tönen, während er immer wieder an der Haustür hochspringt. Herr M. folgt seinem Hund kopfschüttelnd durch den Flur. „Jetzt ist es ja gut, Benno. Sei doch still. Bitte, Benno! Du machst ja die Tür kaputt." Aber Benno ist viel zu aufgeregt, um ihm zuzuhören. Dann klingelt es an der Tür und Benno wird noch lauter und springt gegen die Eingangstür.
Los Alter, mach schneller. Die will zu mir.

„Jetzt lass mich doch auch mal an die Tür, Benno, bitte. Hör' doch bitte auf. Ist ja gut jetzt." Er zieht seinen Hund am Halsband zurück und öffnet die Tür. Da steht Judith, die Freundin seiner Frau, die oft mit Benno und Frauchen Gassi geht. „Ach du bist es, Judith", versucht Herr M. das Gebell seines Hundes zu übertönen. „Komm doch rein." Er lässt

Benno los und der springt sofort an Judith hoch, bellt und winselt abwechselnd, fast gleichzeitig. „Ist ja gut, Benno. Ja, ich freu' mich ja auch dich zu sehen. Guter Hund."
Judith knuddelt Benno an den Schultern und versucht, ihn von sich zu schieben. Benno springt immer wieder an ihr hoch und zieht mit seinen Zähnen am Jackenärmel. „Ach Benno, ist ja gut. Jetzt lass' mich mal durch. Du sollst doch nicht springen, Bennochen." Sie versucht sich Richtung Wohnzimmer zu bewegen, wohin Herr M. schon vorausgegangen ist und wartet.

„Kerstin ist nicht da. Sie ist bei ihrer Mutter und kommt morgen erst zurück.", sagt Herr M. und rückt ihr einen Stuhl am Esstisch zurecht. Benno springt noch immer hechelnd um Judith herum und zieht sie immer wieder mit seinem Maul am Arm. Zart, aber entschlossen.
Schau mich an. Ich bin viel interessanter als der da.
Sie schaut auf ihn herab, schiebt ihn mit beiden Händen von sich, tätschelt seinen Kopf, woraufhin er sich wegduckt und ihr mit der Pfote auf das Knie haut.
Hey. Lass' das. Ich mag das nicht.
Sie setzt sich und Benno springt auf, stellt beide Vorderpfoten auf ihre Knie, um ihr das Gesicht abzulecken.
So ist's besser, Schatzi. Immer schön lieb zu mir sein, ja?
„Ist ja gut jetzt, Benno. Aus jetzt. Schluss jetzt." Sie lacht und versucht Bennos Vorderbeine von ihrem Schoß zu schieben.
„Benno, Pfui, hör' jetzt auf. Aus. Geh Platz. Geh runter. Leg dich jetzt hin", schaltet sich Herr M. ein.
Nö. Da kannste lange labern.

„Kann ich dir was anbieten, Judith?", fragt Herr M. und versucht einen Blick von Judith zu erhaschen, die von Benno weitestgehend verdeckt wird, weil der wieder mit den Vor-

derpfoten auf ihrem Schoß steht. Sie versucht Benno wegzuschieben.
„Benno, geh' bitte runter. Wenn du vielleicht einen Kaffee hättest? Ich habe aber nicht viel Zeit. Ich wollte Kerstin nur schnell das Buch zurückbringen", sagt sie und legt ihre Umhängetasche auf ihren Schoß, nachdem sie Benno sanft von selbigem geschoben hat.
Sofort ist Benno wieder zur Stelle und steckt seine Nase tief in die Tasche hinein.
Was'n da drin? Was zu essen?
Gemeinsam wühlen sie in der Tasche herum und Judith zieht das Buch hervor.
Kann ich das mal haben?
Benno öffnet das Maul und versucht das Buch mit den Zähnen aus ihrer Hand zu nehmen.
Das nehm' ich mir mal.
„Aber Bennochen, nein. Das ist doch kein Leckerlie. Lass' das doch. Nahein, bitte." Aber Benno hält das Buch mit seinen Zähnen fest.
„Benno, Schluß jetzt, sofort!", schnauzt Herr M. seinen Hund an, worauf hin Benno sofort loslässt, sich schnell über die Schnauze leckt und einen Schritt zurückweicht.
O.k. Sir.

„Ach, sei doch nicht so streng, lass' ihn doch. Er will doch nur spielen, stimmt's Benno?" Judith lacht und krault Benno am Hals, der sofort wieder dichter an sie heran tritt.
„Benno, Schluss jetzt, ab auf deinen Platz!" Herr M. klingt mittlerweile sehr streng und Benno zieht sich ein Stück weit zurück, lässt sich hechelnd auf den Teppich fallen. Dann legt er den Kopf auf die Pfoten und schaut Judith mit großen Augen an.
„Siehst du, jetzt ist er beleidigt! Armes Bennolein. Sei doch nicht so streng", sagt Judith und lächelt den Hund an. Ben-

no springt sofort wieder auf und wedelt, während er ihr die Hände ableckt.
Ich bin doch viel interessanter als der da. Du musst den nicht so ernst nehmen. Der ist nicht so wichtig.

Herr M. ist in die Küche gegangen. Judith steht auf, um Herrn M. in die Küche zu folgen. Sofort wird sie von Benno überholt, der sich quer in den Küchentürrahmen stellt und sie direkt anschaut.
Stopp – Süße. Hier kommst du nicht rein. Meine Küche, klar?
Judith bleibt an der Schwelle zur Küche stehen und verschränkt ihre Arme hinter dem Rücken. „Kann ich dir was helfen?", fragt sie.
„Nein Danke, ich bin schon fertig", antwortet Herr M. „Dein Hund glaubt anscheinend, Küchenarbeit ist Männersache", lacht Judith „Der lässt mich gar nicht durch."
„Dann setz' dich doch wieder", sagt Herr M. und schaut nachdenklich seinen Hund an, der sich quer vor Judith im Türrahmen aufgebaut hat. Er kehrt mit zwei Bechern Kaffee und einer Packung Kekse aus der Küche zurück, während Benno wedelnd neben ihm herläuft und wieder an Judith hochspringt, die sich gerade wieder setzen will. Herr M. stellt alles auf den Esstisch und setzt sich ebenfalls. Benno lässt von Judith ab und schiebt seine Nase direkt neben Judith auf den Tisch Richtung Kekse. „Nimm doch die Nase vom Tisch, Benno. Willst du wohl?", sagt er zu seinem Hund.
Nö.
Benno stupst den Teller mit den Keksen an, zieht dann den Kopf vom Tisch und legt den Kopf auf Judiths Schoß.
Na mach schon, Püppchen.
Beide Menschen beginnen eine Unterhaltung über das Buch und trinken Kaffee. Judith nimmt einen Keks und

Benno drückt seinen Kopf noch fester auf ihre Knie.
Wird's bald?
Er sabbert und wedelt. Den letzten Rest ihres Keks wirft sie in die Luft und Benno fängt es blitzschnell auf. Schnapp!
Danke Süße.

„Super, Benno. Du bist ja ein echter Zirkushund!", lacht sie und nimmt den nächsten Keks. „Eigentlich soll er nichts vom Tisch bekommen", lächelt Herr M., aber das Lächeln erreicht diesmal nicht seine Augen.
„Ach, das einmal, das macht doch nichts, stimmt's Bennolein?", lacht Judith und nimmt sich einen weiteren Keks. Benno legt seinen Kopf wieder auf ihre Knie. Den letzten Biss wirft sie ihm wieder zu, während Herr M. aus dem Fenster schaut. Zwischen seinen Augenbrauen hat sich eine steile Falte gebildet. Er sagt aber nichts. Benno schnuppert Judiths Knie nach eventuellen Keksresten ab. Sie selbst findet einen Kekskrümmel auf dem Tisch und füttert Benno damit.
Braves Mädchen.

„So, dann will ich mal wieder los", sagt Judith, erhebt sich und will gehen. Benno dreht sich blitzschnell um, hebt sein Knotenseil vom Boden auf und läuft los. Er stellt sich direkt vor Judith, die eigentlich auf dem Weg zum Flur war. Seine Rute steht steil, leicht wedelnd, sein Kopf mit dem Knotenseil ist hoch erhoben. Sie bleibt stehen.
Schau mal, meins.
Da Judith nun nicht weiterkommt, wechselt sie noch ein paar belanglose Worte mit Herrn M. und greift unterdessen nach dem Knotenseil.
„Na, willst du spielen?", fragt sie Benno. Doch der dreht sich schnell weg und wirft Herrn M. das Seil vor die Füße. Herr

M. bückt sich, um das Spielzeug aufzuheben. Aber wieder ist Benno schneller, schnappt sich das Knotenseil.
Ich bestimme, wann mit meinen Sachen gespielt wird, kapiert? Meins! Alles meins!
„Aua, Benno. Das war meine Hand, du Grobmotoriker!" Herr M. reibt sich die rechte Hand, an der eine kleine Schramme etwas blutet. Benno springt, mit seinem Spielzeug im Maul, flott auf seinen Sessel und kaut hektisch darauf herum.
Meins. Meins. Meins.

Judith schaut ihn an und will nun aber wirklich nach Hause aufbrechen. Als sie an Benno vorbei kommt, spannt dieser sich an, stellt das Kauen ein, das Knotenseil im Maul und schaut von unten nach oben, direkt in Judiths Augen. „Na, keine Lust mehr zum spielen?", fragt Judith und beugt sich vor um Benno auf den Kopf zu tätscheln. Benno hält die Luft an, knurrt und zeigt Nasenrückenrunzeln.
Finger weg.

„O.k. Benno, wenn du keine Lust mehr hast. Bist wohl müde, was?", fragt Judith, zieht ihre Hand weg und verlässt das Zimmer. Benno lässt daraufhin das Spielzeug auf den Boden fallen.

Judith geht Richtung Haustür, wo schon Herr M. steht und den Kopf schüttelt.
„Hat er eben geknurrt?" fragt er ungläubig. „Ist doch nicht schlimm", antwortet Judith. „Das ignoriert man am Besten, hab' ich gelesen." Noch bevor Judith an der Tür angekommen ist, wird sie schon von Benno überholt. Er rempelt sie an und sie lässt ihn vorbei. Herr M. öffnet die Tür und Benno saust durch bis zum Gartentor. Er bellt sofort drauf los.
Mein Haus, mein Garten, meine Menschen.

„Benno, komm her. Benno, hierher. Rein jetzt, ins Haus, aber sofort! Und hör bitte auf zu bellen. Benno! AUS. AUS. AUS!" Herr M. brüllt seinem Hund hinter her.
„WAU. WAU. WAU!", tönt es aus dem Garten.

Herr M. begleitet Judith an die Gartenpforte, wo Benno schon steht und nur noch ab und zu bellt. Herr M. zieht Benno am Halsband vom Gartentor zurück, lässt ihn wieder los und verabschiedet sich von Judith. Er fasst sie an beiden Schultern, um ihr einen freundschaftlichen Abschiedskuss auf die Wange zu geben. Benno dreht sich vom Zaun weg und schiebt sich ruppig zwischen die beiden Personen, den Blick auf seinen Herrn gerichtet.
Finger weg. Du gehörst mir. Lass' das.

Er springt an Herrn M. hoch bis fast zur Nasenspitze, der die Arme fallen lässt und einen Schritt zurückweicht. Judith krault unterdessen Benno am Hals.
„Alles in Ordnung, Benno. Ja, pass' du nur schön auf dein Herrchen auf."
Herr M. schüttelt den Kopf und schaut Judith an. „Da verstehe doch einer diesen Hund!" Dann packt wieder Bennos Halsband und drückt seinem Hund, nach unten, so dass dieser nicht mehr an ihm hochspringen kann.
„Ist ja gut, Benno, ich geh' ja nicht weg. Keine Angst. Jetzt lass' aber mal die Judith nach Hause." Judith bedankt sich für den Kaffee, geht und winkt noch mal. Benno bellt ihr laut hinterher.
So – Schätzelein -, jetzt mach aber mal, dass du weg kommst.

Herr M. hat beide Arme in die Hüften gestützt und wirkt mindestens einen halben Meter größer. Er stellt sich stocksteif vor seinen Hund. Benno sieht, wie es im Gesicht seines Menschen arbeitet.

„So, mein Freund. Mach', dass du rein kommst, aber SOFORT!" Herr M. marschiert stramm durch den Vorgarten, mit ausgestrecktem Arm treibt er seinen Hund vor sich her ins Haus. Benno duckt sich und saust mit angelegten Ohren durch die Haustür, bis ins Wohnzimmer, auf seinen Sessel. Herr M. betritt das Haus und knallt die Haustür hörbar hinter sich zu. Benno zuckt zusammen.
Ohoh. Was soll denn das?

Respekt

„Hab' ich es nicht gesagt?" Willi wedelt und seine Mundwinkel sind ganz nach hinten gezogen. Er sieht aus, als ob er lacht. „Er merkt es nicht! Jetzt ist er wieder sauer auf seinen Hund. Dabei würde jeder einigermaßen intelligente Hund sich so benehmen, wenn man ihm so viele Chancen einräumt, sich wie eine Nervensäge aufzuführen. Außerdem hat es sich doch für ihn wieder gelohnt."
Biene springt vom Sessel und kratzt sich ausgiebig hinter dem Ohr.
„Nein, ich glaube du tust Herrn M. unrecht. Ich glaube diesmal ist er das erste Mal auf sich selber sauer."
Sie läuft durchs Wohnzimmer und schnüffelt den Teppich nach eventuell vorhandenen Krümeln ab. Willi folgt ihrer Nase mit den Augen, bleibt aber liegen.

Sich so viele Gedanken über die oft unverständlichen Handlungsweisen von Menschen zu machen, scheint hungrig zu machen. Ich stehe auf und gehe in die Küche. Beide schauen mir nach. Als ich an den Vorratsschrank gehe, stehen beide vor der Schwelle zur Küchentür und ihre Augen leuchten, sie wedeln. Ich nehme zwei Kauknochen aus dem Schrank und beide wedeln noch mehr und lachen.
„Guckemal, was ich da habe! Euer Mittagssnack." Biene geht einen Schritt rückwärts und lässt Willi den Vortritt. Er nimmt den Pansenstick und saust ins Wohnzimmer. Dort wirft er die „Beute" in die Luft, schmeißt sie ins Wohnzimmer, nimmt sie auf, wirft sie wieder ins Wohnzimmer, springt mit beiden Vorderfüßen drauf (um die vermeintliche Beute mit dem finalen Mäuselsprung zu fangen) und beginnt zu fressen.
Biene hat derweil den Pansenstick vorsichtig aus meiner Hand genommen, ihn ins Wohnzimmer getragen und sich in

aller Seelenruhe auf den Teppich gelegt. Sie stellt die Kaustange senkrecht zwischen ihre Vorderpfoten und beißt genüsslich Stück für Stück ab. Sie scheint alle Zeit der Welt und keine Angst vor Konkurrenz zu haben, während Willi seine Kaustange quasi inhaliert, damit sie ihm nicht weggenommen wird.
An diesen jeweiligen Fressgeschwindigkeiten kann man erkennen, ob es sich um einen kompetenten oder einen untergeordneten Beutevertilger handelt.

Plötzlich klingelt es an der Haustür. Willi saust in den Flur. Biene lässt ihre Kaustange fallen und folgt ihm. Ich gehe an beiden vorbei, schiebe Willi mit dem Knie zur Seite und greife nach der Türklinke. Willi will mit der Nase an den Türspalt.

„Lass es – Willi. Ab zurück!" Mein leiser Ton, die starre Köperhaltung und mein auf ihn gerichteter, durchdringender Blick sind unmissverständlich, dulden keine Widerrede. Willi geht rückwärts bis er etwa zwei Meter hinter mir steht, neben Biene. Ich schaue beide an, zeige ein sehr freundliches Lächeln
„So ist's prima, super. Und wartet." Mit ausgestrecktem Arm mache ich eine Wartegeste. Willi setzt sich, Biene steht.
Ich drehe mich um, öffne die Tür.
Ein junger Mann vom Paketdienst bittet mich, ein Päckchen für die Nachbarin in Empfang zu nehmen, da diese anscheinend nicht zu Hause ist. Die Kiste sieht schwer aus.
Ich bitte den jungen Mann herein, damit er den Karton im Flur abstellen kann. Er schaut die beiden Hunde an.
„Machen die was?"
„Nein, die sind nett", sage ich und mache wieder wortlos die Wartegeste in Richtung meiner Hunde. Beide bleiben im hinteren Teil des Flures.

Der junge Mann stellt das Paket auf den Boden.
„Kann man die streicheln?", fragt er.
„Klar", sage ich, drehe mich zu meinen Hunden um und lache sie an.
„Willi, Biene – auf - geht Hallo sagen."

Das lassen die beiden sich nicht zweimal sagen und schwänzeln freudig um den jungen Mann herum. Er klopft Willi auf den Rücken, der damit beschäftigt ist, an dessen überaus interessanten Hosenbeine zu schnüffeln. Anscheinend lagen heute schon einige Haushalte mit Hunden auf seiner Tour. Als der junge Mann sich bückt und nach Biene fasst, um sie unüberlegt, wie es die meisten Menschen tun, auf dem Kopf zu tätscheln, duckt sie sofort den Kopf ab und geht weg.
„Na dann, schönen Tag noch. Und sagen Sie bitte Ihrer Nachbarin Bescheid", sagt er.
„Klar, mache ich. Wiedersehen." Ich schließe hinter ihm die Tür. Meine Hunde sind mittlerweile damit beschäftigt, das interessante Paket ausgiebig zu beschnüffeln.

Ich gehe zurück ins Wohnzimmer, um mich wieder an meinen Laptop zu setzen. Willi folgt mir. Vor der Couch auf dem Teppich liegt noch der kleine Rest von Bienes Pansenstange. Kaum fällt sein Blick darauf, kommt auch schon Biene an ihm vorbeigeschossen und schnappt ihm rasend schnell über die Schnauze, mit geöffnetem Maul, ohne zu zubeißen. Willi duckt sich, dreht sich weg, legt sich ab und verharrt.
Biene legt sich daneben und verspeist in aller Ruhe die Reste ihres Kauvergnügens. Als sie fertig ist wirft sie ihm einen entspannten Blick zu und springt auf das Sofa.
Willi schnuffelt sich sofort zu der Stelle, wo Biene gefressen hat, um nach eventuellen Restkrümelchen Ausschau zu

halten. Biene schaut ihm von oben zu und ist völlig entspannt. Für sie ist die Sache geklärt, schnell und eindeutig, ohne Spätfolgen für Willi.

In anderen Situationen lässt sie ihm aber auch den Vortritt. Er darf sich zuerst Leckereien abholen, er geht vor ihr an oder durch die Ausgangstür und auch in den Garten, springt zuerst ins oder aus dem Auto. Dieses Verhalten ist typisch für Hunde. Der Souverän hat es eben nicht nötig, andauernd seine Macht zu demonstrieren oder seine Untergebenen zu schikanieren. Es wäre auch reine Energieverschwendung. Außerdem erscheint es mir bei meinen beiden Hunden, dass die ältere, gesundheitlich nicht mehr so fitte Hündin dem jungen Rüden in den Situationen den Vortritt lässt, die für sie direkt mit ihrem Schutz und ihrer Sicherheit verbunden sind. Das überlässt sie zunehmend mir und Willi.

Die „Machtverhältnisse" werden unter allen Hunden immer mal wieder geklärt, wenn zum Beispiel junge Hunde (der bereits erwähnte gemeine Schnösel) in nervtötender Weise versuchen zu expandieren, sprich im Rang nach oben zu steigen. Aber es herrscht bei gut sozialisierten Hunden keine Diktatur. Kurze Klärung der Situation und das Rudel harmoniert wieder.

Willi darf Leckereien zuerst bei mir abholen, aber soll ja nicht versuchen, sich danach an Bienes gütlich zu tun. Sie ist ihm überlegen, nicht weil sie brutal ist oder beißt, sondern weil sie sich selbstbewusster durchsetzen kann. Sie wirkt mutiger, denn sie kann ihr Gegenüber sehr schnell und richtig einschätzen. Das spielt sie auch gerne aus. Hunde können sehr gut schauspielern.
Biene weiß auch genau, wie weit sie bei welchem Hund

- außerhalb unserer Familiengruppe - gehen kann, und kann dabei sehr streng werden, falls sie es für notwendig erachtet. Sie ist eben ein richtiger kleiner Terrier. Ihr Auftritt in den für sie wichtigen, entscheidenden Situationen ist geprägt von Überlegenheit, Ruhe, Souveränität und enormem Durchsetzungsvermögen.

Im heimischen Umfeld habe ich sie unterstützt, wenn es darum ging Willi und auch seine Vorgängerin Cindy konsequent zu erziehen. Ich habe sie nicht bremsen müssen, da sie nie zu weit ging in der Zurechtweisung der jungen Hunde.

Auch in den Jahren ihrer sehr aktiven Mitarbeit in meiner Hundeschule konnte ich mich da völlig auf sie verlassen.

Diese gelegentlichen Zurechtweisungen unter Hunden müssen sein. Denn Hundeeltern oder ältere Rudelmitglieder setzen zur Erziehung der kleinen Flegel Drohverhalten, Schnauzgriffe bis Junghund-auf-den-Rücken-werfen als Abbruchsignale genauso ein wie Ignoranz. Es wird von einem gut sozialisierten und stabilen Hund aber immer die Lösung gewählt, die für diese Situation angemessen ist und den gewünschten Erfolg hat. Es wird schnell und unblutig geklärt, um dann wieder gelassen und freundlich zur Tagesordnung zurückzukehren.

Und genau dieses zurechtweisende Verhalten der Kompetenten (Ranghöheren) gegen die Flegel dient der Vermeidung von aggressiven, beschädigenden oder eskalierenden Auseinandersetzungen. Es werden kurz und effektiv klare Grenzen gezogen. So lernt der junge Hund, wie weit er bei den einzelnen Rudelmitgliedern gehen kann. Er lernt sein Verhalten den jeweiligen Situationen und Charakteren anzupassen.

Er ist nicht beleidigt und die zurechtweisenden Älteren oder Kompetenteren haben kein schlechtes Gewissen. Alle wissen, woran sie sind, und das ist die Grundlage für ein vertrauensvolles Miteinander. Dies führt selbstverständlich auch dazu, dass es im Rudel einen starken Zusammenhalt gibt, der für den Erhalt und Schutz der Gruppe wichtig ist. Natürlich kommt es dabei auch vor, dass einzelne schwächere (devote) Tiere die Prügelknaben des Rudels, will sagen die beliebten Mobbingopfer für die vermeintlich Stärkeren sind. Denn viele Hunde mobben sehr gerne, da es ihnen das Gefühl gibt, einen anderen jederzeit schikanieren zu können und sich selber dadurch stärker zu fühlen. Das pinselt doch das Ego. Bedauerlicherweise strömen bei einem Hund, der es immer wieder schafft, Artgenossen unangemessen stark zu unterwerfen, tatsächlich Glückshormone. Dies führt dazu, dass der Hund dieses Glücksgefühl immer wieder erleben möchte. Zuerst erfolgreich mobbend (Drohgebärden und Scheinattacken), dann heftig unterwerfend ohne Rücksicht auf Alter und Geschlecht der jeweiligen „Kontrahenten". Es wird zunehmend aggressiver agiert, weil niemand den Hund reglementiert.

Im Hunderudel findet sich allerdings meist eines der unbeteiligten, kompetenteren Tiere zu einer übermäßigen Mobbingsituation ein und trennt diese durch dazwischen laufen, dazwischenstellen, dazwischenstellen mit Drohbellen oder umlenken in ein anderes Spiel.
Solch klärendes Verhalten kann selbst in Welpenspielgruppen schon beobachtet werden. Dieses Verhalten ist auch der Beweis dafür, dass Hunde eben nicht alles alleine unter sich ausmachen, wie manche Menschen leider immer noch glauben. Nein, es finden sich andere Unbeteiligte ein die, um größeren Schaden zu verhindern, diese Situation zu beenden wissen, auf vielfältige Weise.

Dieses bewusste Trennen oder Beenden von Mobbing- oder Streitsituationen ist daher auch unsere Aufgabe bzw. Pflicht als Hundebesitzer.
Auf wen, wenn nicht auf seinen Besitzer, soll sich der Familienhund denn verlassen, wenn er gemobbt wird?
Wir, seine Familie, sind doch für ihn sein Rudel, das ihn im Notfall auch vor zu heftigen Übergriffen bewahrt. Oder die ihn im umgekehrten Fall daran hindern, allzu euphorisch andere Artgenossen zu sehr zu mobben. Daher müssen wir, als Hundebesitzer es lernen die Sozialkontakte und Spiele unserer Hunde zu beobachten und nötigenfalls zu kontrollieren. Spiel ist nicht gleich Spiel.

Denn im Außenbereich, wo es bei der Begegnung mit fremden Artgenossen für meine Hunde (wie für Ihre Hunde auch) mitunter gefährlich werden kann, wissen sie, dass sie durch mich Schutz und Rückendeckung haben. Ich habe, wie alle anderen Hundebesitzer auch, die Verantwortung und die Pflicht mich in sehr schwierigen Situationen im wahrsten Sinne des Wortes vor sie zu stellen.

Durch diese klare Position des Souveräns, der Führungspersonen (Ersatzeltern) in unserem Rudel (der Mitglieder unseres Haushaltes) können Hunde ein gesundes Selbstbewusstsein entwickeln.
Ganz besonders wichtig ist dies für unsichere Hunde, wie für zu selbstsichere bzw. intelligente Hunde.

Die zum Teil angeborene und zum Teil in unserem Zusammenleben erlernte erstrebenswerte Selbstsicherheit und souveräne Ausstrahlung von Biene, Willi und den vielen Hunden, mit denen ich arbeiten durfte, wurde mir im Laufe der Jahre immer mehr zum Vorbild.

Es ist unsere Aufgabe unseren Hunden Ruhe und Gelassenheit vorzuleben und sie dadurch zu stabilisieren.

Sich aber in Konfliktsituationen emotionale Diskussionen und Wortgefechte über die unterschiedlichsten Meinungen zur Hundehaltung und zu Erziehungsmethoden mit anderen Hundebesitzern zu liefern, ist nicht souverän!
Arbeiten Sie an Ihrer inneren Ruhe und Überlegenheit. Kurzfristig zur Schau getragene „Arroganz" kann in den Augen Ihres eigenen Hundes Wunder wirken.

In der Ruhe liegt die Kraft – Ommmmm!

> *Einsicht*

Herr M. kommt ins Wohnzimmer und baut sich vor seinem Hund auf, der noch immer auf dem Sessel liegt. Benno hat die Ohren angelegt und bewegt sich nicht.
Herr M. hat die Arme in die Hüften gestemmt und holt tief Luft.
„Ich denke, die Frage, warum du manchmal aggressiv bist, draußen wie drinnen, hast du mir gerade beantwortet. Das habe ich jetzt absolut kapiert. Du hast es ja eben eindrucksvoll gezeigt, was du so drauf hast. Aber das eine sage ich dir. Damit ist jetzt Schluß, hörst du?"
Na, dann schau'n wir mal.

Herr M. geht zur Terrassentür und schaut in den Garten, die Arme hinter dem Rücken verschränkt.
„Du benimmst dich unmöglich. Führst dich hier auf wie ein Despot. Und ich habe so ziemlich alles falsch gemacht. Ich und auch alle anderen, die mit dir zu tun haben. Du musst ja langsam größenwahnsinnig werden. Dein Haus, dein Garten, deine Menschen, deine Beute. So führst du dich auf. Und ich Idiot habe es nie gemerkt."
Ach was!

„Ich dachte immer, wenn wir auf dich eingehen, dich verwöhnen und frei entscheiden lassen, wirst du ein vollwertiges Mitglied unserer Familie. Aber dir geht es um etwas ganz anderes. Du denkst nur an dich. Und mittlerweile wirst du sogar aggressiv, wenn du dich durchsetzen willst. Erst hast du gedacht, wir wollen es so und jetzt lebst du es ganz selbstverständlich aus. Ich fasse es nicht. Wir haben es immer nur gut gemeint."
Ja, ich doch auch. Immer gut für mich.
„Aber so kann es nicht weiter gehen. Ich traue mich kaum

noch die Tür zu öffnen, weil du bestimmen willst, wer hier ein und ausgeht. Du knurrst Menschen an, die ausgesprochen lieb zu dir sind, weil es in deinen Augen Schwäche ist."

Klappt doch auch! Und macht meistens Spaß!

„ Du springst Menschen an, lümmelst dich auf den Möbeln rum und jagst Tiere, weil du das, was dir am besten gefällt, mittlerweile ohne zu fragen durchsetzt. Das wurde mir eben klar, als Judith da war." Herr M. schaut noch immer in den Garten, hat seine Hände in die Hosentaschen gesteckt.

„Du bist rücksichtslos und egoistisch. Und warum? Weil ich es nicht geschafft, habe dir klare Regeln in unserer Familie zu geben, die dir zeigen, was du darfst und was nicht. Und das Schlimmste daran ist, dich trifft überhaupt keine Schuld! Du bist eben ein Hund. Ein ganz normaler, intelligenter, unerzogener, unterforderter und gleichzeitig überforderter Hund."

Herr M. lässt die Schultern sinken und seufzt hörbar. Benno springt vom Sessel und stellt sich neben seinen Menschen. *Stimmt, Sir.*

Er lehnt sich an die Beine seines Menschen. Herr M. krault Bennos Ohren. Beide schauen stumm in den Garten.

Freude ohne Frust

Ich habe mich vom Sofa auf den Teppich rutschen lassen und Willi hat sich es sich an meinen ausgestreckten Beinen gemütlich gemacht. Ich kraule ihm den Bauch und massiere ihm den Rücken, während Biene hinter mir auf dem Sofa liegt. Sie schnüffelt an meinem Nacken und lutscht mir kurz das Ohr ab. Wir genießen die Ruhe und die Nähe.
„Ja, jetzt hat er es begriffen", flüstert Willi etwas müde vor sich hin. Er ist kurz vor dem Einschlafen.
„Alles wird gut", murmelt Biene neben meinem Ohr.

Plötzlich schießt Willis Kopf in die Höhe. Er stellt die Ohren auf und spannt den Körper an. Biene schaut vom Sofa zu ihm und stellt ebenfalls die Ohren. Da sie aufgrund ihres Alters schon ziemlich schwerhörig ist, orientiert sie sich an Willis Körperhaltung, um zu wissen, was los ist.
Dann springt Willi auf, Biene hopst vom Sofa und beide laufen in den Flur. Auch ich habe ein Auto vorfahren hören, aber wie das bei uns Menschen eben ist, sehr viel später als es die Hunde wahrgenommen haben. Und ich kann auch im Gegensatz zu meinen Hunden nicht sagen, ob es das Auto eines Familienmitgliedes, eines Bekannten oder Freundes ist. Ihr hervorragendes Gehör (je nach Rasse vier- bis siebenmal besser als das menschliche Gehör) lässt sie ein bekanntes Autogeräusch erkennen, wenn es für uns noch unhörbar ist.
Meine Hunde stehen erwartungsvoll hinter der Windfangtür und wedeln aufgeregt. Es klingelt und ich schicke sie beide mit ausgestrecktem Arm, eindeutigem Gesichtsausdruck, der keine Alternative zulässt, ein Stück weiter nach hinten in den Flur. Dabei sage ich wieder leise aber deutlich entschlossen: „Zurück und Warte."
Ich öffne die Windfangtür und lege die Hand auf die Haus-

türklinke. Gleichzeitig schaue ich noch mal über meine Schulter zu den Hunden und wiederhole leise, aber entschlossen: „Warte."
Dann öffne ich dir Tür und begrüße Stefan, einen Freund der Familie.
„Ach du bist's, komm doch rein. Willi, Biene, kommt mal Hallo sagen", rufe ich meinen Hunden zu und beide kommen aus dem hinteren Teil des Flures sofort angelaufen, um Stefan freundlich zu umrunden und zu stupsen.
Stefan spricht ruhig und freundlich mit beiden Hunden. Er geht in die Hocke und krault beiden das Kinn und dann den Rücken. Biene drängt sich vor, wie immer, und Willi saust davon, um sich ein Hundehandtuch zu suchen.
Damit kommt er an uns vorbeigeschossen und präsentiert seine „Beute".
Da Biene ihn bei Begrüßungen körperlich abdrängt, was schon erstaunlich ist, da sie das keinesfalls mir ihrem Gewicht (Zehn gegen Willis dreißig Kilos) schafft, sondern durch nur ihren selbstbewussten Auftritt.

Willi freut sich zwar genauso über Besucher oder Familienangehörige, verpulvert aber durch die Übersprungshandlung Beuteschleppen seine Freudenenergie und bekommt so keinen Ärger mit seiner kleinen „Chefin".
Als er noch kleiner und stürmischer war, setzte sich Biene körperlich massiver gegen sein Anspringen von Personen durch, so dass er daran schlichtweg den Spaß verlor, lernte sich hinten anzustellen, sich Bienes Willen einmal mehr unterzuordnen.
Auch wir haben sein Anspringen stets unterbunden, damit er nicht glaubt, sich gegen Bienes Willen durchsetzen zu dürfen. Wenn Bienes Begrüßungszeremonie vorbei ist, kommt er dran, das weiß er mittlerweile.
Biene geht von Stefan weg und Willi kommt angelaufen,

lässt das olle Handtuch fallen und lehnt sich an Stefans Beine, um sich auch kraulen zu lassen.
„Komm doch rein", sage ich und begleite Stefan ins Esszimmer.
„Ich wollte euch die CDs wiederbringen, die ihr mir ausgeliehen habt", sagt Stefan und setzt sich an den Tisch. Biene und Willi stehen freudig wedelnd und lachend neben ihm.
„So, ihr Zwei", wende ich mich leise, freundlich, aber bestimmt an meine Hunde, „ihr geht jetzt mal ab."
Beide drehen sich um und legen sich ins Wohnzimmer auf den Teppich, ohne uns aus den Augen zu lassen.
„So ist es prima." Willi wedelt kurz. Biene hat den Kopf abgelegt. Sie liegt näher bei uns als Willi. Er darf sich dem Esstisch nicht so sehr nähern wie sie, sollte dieser gedeckt oder besetzt sein. Auch das haben wir und Biene ihm unmissverständlich klargemacht, als er noch kleiner war und betteln wollte. Abstand ist gleich Respekt heißt die Devise.

„Magst du eine Tasse Kaffee trinken?", frage ich Stefan und er nickt, während er in seinem Rucksack nach den CDs sucht. Willi schaut aufmerksam von seiner Liegeposition aus zu. Ich stehe auf und gehe in die Küche. Willi und Biene stehen auch auf und folgen mir bis zur Türschwelle.
„Stefan, kannst du bitte mal kommen und mir helfen?"
„Klar, was gibt es denn?" Stefan stellt seinen Rucksack auf den Boden, steht auf und läuft an meinen Hunden vorbei in die Küche, die ihn sofort vorbei lassen.
„Nimm doch bitte mal das neue Kaffeepaket da oben aus dem Schrank. Ich komm' da nicht dran. Ich bin zu klein und mein lieber Göttergatte hat es nach ganz oben gestellt."
Während Stefan sich an den Schrank begibt, sind Biene und Willi einige Schritte mit in die Küche gelaufen und schauen neugierig, was es da zu kruschteln gibt.

„Und ihr geht raus", sage ich in leisem, aber entschlossenem Ton, mit einer Armbewegung Richtung Wohnzimmer. Biene dreht sofort ab und Willi zögert noch.
„Beide!", sage ich etwas bestimmter und auch Willi trottelt davon. Beide legen sich wieder auf den Boden im Wohnzimmer.
Stefan kommt aus der Küche, setzt sich wieder an den Tisch und öffnet den Rucksack. Willi und Biene stehen auf und beobachten jede Bewegung Stefans, der sie angrinst.
„Nee, ihr Zwei, da ist nix für euch drin." Die Hunde wedeln und scheinen ihm nicht wirklich glauben zu wollen.
„Nee, ehrlich, ich hab' nichts mitgebracht für euch. Nichts." Er legt die CDs auf den Tisch, streckt ihnen anschließend die leeren Handinnenflächen entgegen und beide legen sich wieder auf den Teppich im Wohnzimmer.

Ich bringe den Kaffee und ein paar Kekse ins Esszimmer und setze mich an den Esstisch. Während wir plaudern, legen sich die Hunde auf die Seite und relaxen.
„Mei, ihr seid aber lieb", sagt Stefan und schaut Willi an, der mit großen Augen zu uns guckt. Durch Stefans Stimme angesprochen, wedelt er im Liegen. Stefan nimmt einen Keks und knabbert, während er mir von seinem letzten Wochenende am Chiemsee erzählt. Biene schnarcht mittlerweile. Willi hat sich auf den Rücken gerollt, ohne uns aus den Augen zu lassen.
„Na, komm mal her, Willi", sagt Stefan und klopft sich auf das Knie. Willi springt auf, wedelt und lehnt sich seitlich an Stefans Beine.

„Nase weg!", schnauzen wir ihn beide gleichzeitig an, als Willi versucht, den Duft der Kekse entlang der Tischkante zu eruieren. Er zieht sofort den Kopf weg und lässt sich wieder den Hals kraulen. Biene steht auf und gesellt sich dazu, um sich etwas massieren zu lassen und für den Fall, dass Stefan es sich mit den Keksen doch noch anders überlegen sollte, nicht zu weit entfernt zu sein. Man weiß ja nie.

Nach kurzer Zeit ziehen sich beide Hunde wieder ins Wohnzimmer zurück. Wir unterhalten uns und trinken in aller Ruhe unseren Kaffee.
„So, dann will ich mal wieder." Stefan steckt sich den restlichen Keks in den Mund. Er erhebt sich, zieht seine Jacke an und nimmt seinen Rucksack.
„Ich bring dich noch raus." Gemeinsam gehen wir zur Tür und lassen auch das Drängeln von Willi nicht zu, in dem wir ihm beide kommentarlos mit den Beinen den Weg versperren.
„So, dann Tschüß ihr beiden", sagt Stefan, geht in die Hocke und krault noch mal beide Hunde.
„Warten!", sage ich zu meinen Hunde, als die Verabschiedung beendet ist. Meine kurze Geste, der ausgestreckte Arm, abwährende Handbewegung und den Blick auf sie gerichtet, hindert die Hunde daran, zuerst bis zur Ausgangstür zu laufen.
Ich gehe mit Stefan bis vor die Tür und die Hunde dürfen mir nun bis zur obersten Stufe folgen. Stefan gibt mir die Hand und einen freundschaftlichen Kuss auf die Wange, während Biene und Willi neben mir sitzen. Sie schauen mit mir zusammen zu, wie Stefan in sein Auto steigt und davon fährt.
„So, ihr zwei Fellnasen, ab ins Haus." Freundlich, mit einem herzlichen Lächeln, animiere ich die beiden, wieder in die Wohnung zu gehen.
„Na, dann wollen wir mal schauen, ob wir nicht einen leckeren kleinen Hundekeks für euch haben, oder?"
Willi und Biene umkreisen aufgeregt meine Beine. Ich betrete die Küche, während die Hunde davor warten.

Ich hole zwei Hundekekse und gehe mit den Keksen, gefolgt von meinen beiden Hunden, ins Wohnzimmer.

„Guckemal, was ich da Feines für meine zwei braven Rüsseltiere habe." Beide setzen sich wie auf Knopfdruck hin, bekommen ihren Keks und verschlingen ihn gierig. Ich hole mir meinen Kaffeebecher vom Esstisch mit ins Wohnzimmer und setze mich auf die Couch. Beide haben mich beobachtet und folgen mir ins Wohnzimmer.

„So ist es doch viel schöner." sagt Willi, der sich wieder auf den Teppich gelegt hat und wedelt mich an.
„Keiner schreit, keiner schimpft, denn wie sagst du immer?" murmelt Biene, die sich wieder auf das Sofa zurückgezogen hat und mich anschaut.
„In der Ruhe liegt die Kraft."
„Genau. Da haben dann alle etwas davon."

> *Erkenntnis*

„Wenn ich dich richtig interpretiert habe, hast du viele Kommandos, die ich dir beibringen wollte, überhaupt nicht richtig verstanden?" Herr M. ist zum Couchtisch gegangen und hat seinen Notizzettel wieder in die Hand genommen.

„Ich habe Worte im falschen Moment, also mit dem falschen Timing gesagt. Ich habe zum Beispiel das Kommando FUSS in ganz unterschiedlichen Momenten gesagt, so dass du gar nicht mehr gewusst hast, welche Körperbewegung eigentlich gemeint ist. Du konntest es gar nicht mit deinem eigenen Verhalten verknüpfen.
Ich hatte viel zu schnell vorausgesetzt, dass du es schon verstanden hättest."

Herr M. kratzt sich am Kopf. „Wir haben dir von klein auf das Wort HIER falsch beigebracht. Manchmal haben wir sogar verschiedene Worte benutzt. HIER, KOMM, ZU MIR und noch so einiges, was uns gerade eingefallen ist. Oder weil wir dachten, wir könnten damit den Ernst unseres Kommandos unterstreichen. Wir Menschen benutzen einfach viel zu oft unsere eigene Sprache und gehen davon aus, dass ihr Hunde sie irgendwann tatsächlich versteht. Dabei könnt ihr euch zwar viele Worte merken, aber keine Sätze inhaltlich verstehen. Das habe ich jetzt verstanden."
Herr M. tippt mit seinem Zeigefinger mehrfach auf seinen Notizzettel.

„Wir haben den Lernprozess, seine Dauer und unsere Rolle als präzise Lehrer völlig unterschätzt. Darum haben wir das Wort HIER wahrscheinlich auch viel zu oft gerufen, während du gerade weggelaufen bist, anstatt es immer nur dann zu rufen, wenn du gerade, wenn auch zufällig, auf uns zu gelaufen bist. Gerade in der Lernphase, als du noch klein warst, hätten wir darauf achten müssen, dass du das Wort mit deiner Handlung verknüpfen kannst. Du läufst auf uns zu und wir hätten dir dann immer wieder sagen müssen, wie wir das nennen. Stattdessen haben wir es in allen möglichen und unmöglichen Situationen gerufen. Das musste ja für dich missverständlich sein!"

Benno hat sich auf den Boden gelegt und hört seinem Herrn aufmerksam zu.
„Stimmt auffallend. Ihr hättet mir auch genauso gut QUARKSTRUDEL oder PANSEN hinterherrufen können. Mir wurde eigentlich nie ganz klar, was ihr mit HIER meint. Wo ich hinrenne? Wenn ich zurückrenne? Wo ihr steht? Oder ob das Leckerlie so heißt, keine Ahnung!"

„ Mein Gott, jetzt verstehe ich dich! Wir haben es echt versemmelt. Und deswegen heißen für dich heute Zerrspiele noch immer AUS, stimmt's?" Herr M. lacht und schüttelt den Kopf.
„Wir haben an der Socke gezogen und AUS, AUS gerufen und du hast dich ins Zerrspiel hineingesteigert. Wir haben wieder mal genau den falschen Zeitpunkt erwischt. Wir Menschen glauben zu oft, wenn wir den Sinn eines Wortes verstehen, würdet ihr ihn auch verstehen, wenn wir es nur oft genug sagen. Und dann glauben wir, ihr Hunde wärt stur oder bockig! Was sind wir Menschen doch manchmal dumm. Unser Timing stimmt viel zu oft nicht und wir geben euch die Schuld, wenn ihr es immer wieder falsch macht. Wir haben eine Erwartung ausgedrückt, anstatt eine Tatsache zu benennen. Ganz schön überheblich." Herr M. kratzt sich am Kopf. Benno wedelt und schweigt.

Herr M. liest weiter und fasst zusammen:

183

„Außerdem bist du der Meinung, dass wir inkonsequent sind. Da gebe ich dir Recht. Oft habe ich, wenn du auf stur gestellt hast, nur gedacht: *Oh Hund, mach' doch grad, was du willst* - was du dir dann zum Lebensmotto gemacht hast. Das hab' ich jetzt davon. Du kannst es mittlerweile tatsächlich so lange aushalten, bis wir nachgeben. Und du weißt genau, dass wir irgendwann nachgeben, stimmt's?" Herr M. grinst. Benno wedelt wieder.

Herrn M.s Gesichtsausdruck wird wieder ernst.
„Wenn wir dich lobten, dich gestreichelt, dir den Kopf getätschelt, dich auf die Flanken geklopft haben, ist das bei dir nicht als Lob angekommen, sondern hat dich auf Distanz gehalten. Weil dich das Einfangen, Festhalten und Grapschen, wie du es nennst, verunsichert hat oder dir in dem Moment schlichtweg unangenehm war. Wenn du dann mit Leckerlie besser gehorcht hast, haben wir gedacht, du machst alles nur für Futter und hielten dich für unverschämt, bestechlich oder undankbar. Wir wussten nicht, dass unser Lob mit Streicheln oftmals für dich überhaupt nicht positiv war. Wir fassen dich halt gerne an, haben dabei aber völlig übersehen, dass es für dich gerade in dem Moment überhaupt nicht angenehm war. So haben wir dich dadurch sogar oft erschreckt, frustriert oder verunsichert. Wir dachten, weil es sich für uns gut anfühlt, weil es uns sehr gefällt, muss es sich auch für dich gut anfühlen."
„Ganz schön egoistisch von euch, findest du nicht?" Benno leckt sich die Pfoten.

„Jetzt wird mir auch klar, warum du so ungern auf das Wort HIER gekommen bist, als du noch klein warst, obwohl wir das Gefühl hatten, du wüsstest genau, was es bedeutet."
Herr M. beugt sich, schaut Benno in die Augen und krault dann erst den Nacken seines Hundes. Benno hält still, weil

er die Handbewegung hat kommen sehen, kurz an der Hand schnüffelte und diesmal nicht vor ihr erschrocken ist.

Dann legt er den Kopf etwas schräg, schaut seinen Menschen an und holt tief Luft.
„Ich hab' mich, als ich noch ganz klein war, immer sooo gefreut, wenn ich meinen Namen gehört habe und bin auf euch zu gerannt. Kaum war ich in der Nähe, habt ihr eine geduckte Haltung eingenommen, die Arme ausgestreckt, mich am Hals oder Halsband gepackt und rangezogen. Und dann, dass war das Schlimmste, habt ihr meine Ohren geschrubbelt, dass ich bald einen Gehörschaden von dem Radau gekriegt habe, der dabei entstanden ist. Hast du das schon mal bei dir selber gemacht? Ohren schrubbeln?
Und ich Depp hatte gedacht, als ich losgelaufen bin, ihr freut euch auf mich. Ich hatte mich jedenfalls gefreut, zu euch kommen zu dürfen. Und weil ich mir euer Verhalten damals und bis heute nicht erklären konnte, bin ich dann auch nicht mehr gerne ganz nah zu euch gekommen. Wenn's möglich war, hab' ich mir dann nur schnell das Leckerlie genommen. Schwupp und weg, bevor die Grapscherei wieder losgeht.
Früher, bevor ich bei euch lebte, wenn dann meine älteren Verwandten mich am Kopf oder Nacken gepackt haben, war das ja auch nicht nett gemeint. Meist hatte ich mich zu vorlaut benommen. Aber bei euch, wusste ich nicht, warum ich gepackt werde. Ich hatte wirklich nichts angestellt! Ich war und bin heute immer noch verunsichert, warum ihr das macht. Erst klingt ihr so nett, sehr freundlich aus und dann das: Ausgestreckte Arme, eure Hände, die mich am Hals packen und zu euch ran zerren. Und im schlimmsten Fall, wie Frauchen das gerne macht, euer Gesicht auf meines zu bewegen, meine Augen mit eurem Blick fixieren und dann euren Mund auf meine Nase drücken. Schmatz – bäh!"

Benno schüttelt sich.
„Außerdem habe ich mit der Zeit gelernt, dass ihr, wenn ihr mich dann mal zu fassen gekriegt habt, sofort die Leine an mir befestigt habt. Das macht einen erst misstrauisch, dann schlauer und natürlich schneller. Grapschen und Leine. Das eine so unangenehm wie das andere." Benno kratzt sich mit dem Hinterlauf am Hals.

Herr M. betrachtet nachdenklich seine ausgestreckten Handflächen. „Haben wir tatsächlich so oft aneinander vorbeigedacht? Haben wir so oft nicht gesehen, was in deinem Kopf vor sich geht?"
Er schüttelt den Kopf.
„Wir haben dein Vordrängeln in vielen Situationen drinnen und draußen zunächst für Neugierde gehalten und haben völlig übersehen, dass wir uns automatisch hinten angestellt haben. Obwohl es besser gewesen wäre, wenn wir öfter die Führung übernommen hätten als du. Wir haben den Fehler begangen, dir das Ziehen an der Leine als Welpen anzugewöhnen, um uns dann, als du kräftiger wurdest, darüber zu ärgern, dass du es konntest, und dann auch noch mit dir zu schimpfen."
„Wie soll ich denn wissen, warum Ziehen und Vordrängeln erst monatelang erlaubt ist und dann auf einmal nicht mehr?" Benno schnüffelt den Boden ab.
„Wir sind immer davon ausgegangen, du wirst älter und vernünftiger." Herr M. kratzt sich nachdenklich am Kopf.

„Wir haben im Haus wichtige Positionen, Plätze, Räume an dich abgegeben, weil wir nicht wussten, dass sie für dich eine derart wichtige Bedeutung haben würden. Und du glaubtest, dass du im Haus die Rolle des Kontrolleurs übernehmen darfst oder musst. Wir haben dir überall Decken auf all deine Lieblingsplätze gelegt und Körbchen aufge-

stellt, anstatt dir einen ruhigen Entspannungsplatz zuzuweisen, an den du dich zurückziehen kannst oder musst, je nach Situation.
Einen unstrategischen Platz, der sich abseits von Küche und Eingang befindet und dir dadurch schon klar macht, dass du hier willkommen, aber nicht der Platzhirsch bist. Stattdessen liegen hier überall Decken, sogar auf meinem Lieblingssessel. Und du machst daraus einen Feldherrenhügel, bereit, ihn sogar zu verteidigen. Oh mein Gott."
„Es hat natürlich viele angenehme Seiten, der Teamchef zu sein." Benno schaut hoch, zieht bei geöffnetem Maul die Mundwinkel nach hinten, wedelt und sieht aus, als ob er lacht.

„Wir haben dir beim Spielen das Beutehetzen von Bällen und Stöcken erlaubt, aber bei Hasen, Katzen oder Rehen einen Unterschied gemacht, den du dann natürlich nicht mehr verstehen konntest."
„Welchen Unterschied? Beute ist doch Beute, oder?" Benno legt den Kopf schief und schaut seinen Menschen mit großen, erwartungsvollen Augen an.
„Wir haben an der Leine oft präventiv geschimpft und gezerrt, wenn ein anderer Hund oder Mensch aufgetaucht ist, aus Angst du könntest aggressiv reagieren. So musstest du denken, wir sind an der Leine aggressiv bei Begegnungen. Du hast Nervosität gespürt."
„Wie man in den Wald hinein ruft, so hallt es heraus."

„Du hast das Einwirken der Leine an deinem Hals zunehmend als Stress empfunden, weil du dich durch unsere Versuche, dich zu korrigieren, überhaupt nicht angesprochen gefühlt hast."
„Wie auch? Kann ich Gedanken lesen?" Benno schaut seinen Herrn mit großen Augen an.

„Ihr habt meinen Blickkontakt oft ignoriert und dann habe ich irgendwann aufgehört, euch mit Blicken zu fragen. Wenn dann alle Menschen an der Leine bellen, belle ich eben mit, wenn ich etwas sehe. Oft ist das aber auch Frust, weil mich die doofe Leine daran hindert, zu einem Kollegen zu laufen. Dann rufe ich den anderen zu:
He schau mal, ich bin hier! Wollen wir toben? Komm doch näher, ich kann ja nicht, ich bin angeleint, verdammt!
Dann werde ich sauer, weil nichts so läuft, wie ich will."
„Du Egoist!"
„Selber!"
Herr M. schaut seinen Hund an und zwinkert ihm zu. Benno blinzelt zurück und wedelt. Herr M. grinst und zwinkert wieder. Benno blinzelt zurück und wedelt wieder.
„Ich sehe, wir verstehen uns", schmunzelt Herr M. und wendet sich wieder seinen Notizen zu.

„Du hast schon als Welpe angetestet, ob wir in der Lage sind, dir wichtige oder gefährliche Dinge aus dem Maul zu nehmen. Entweder bist du damit abgehauen und wir haben gelacht oder du hast dich steif gemacht, dann Drohverhalten gezeigt und manchmal sogar deine Zähne eingesetzt. Dabei wussten wir genau, dass ein Hund eine Beißhemmung erlernen muss und fanden dein Verhalten nicht in Ordnung. Wir wussten nur nicht, wie wir das anstellen sollten!"
„Das hab' ich gemerkt!" Benno wedelt kurz.
„Schade, dass ich deine Hundemama in solch einer Situation nicht beobachten konnte. Die war eindeutig, oder?"
„Jap!"
„Aus dem Bauch heraus habe ich nämlich oft gedacht, ich müsste kurzfristig strenger oder konsequenter mit dir sein, wenn du etwas verteidigen oder irgendeinen Unfug anstellen wolltest. Aber dann hat die Familie wieder rumdiskutiert

und alle waren unterschiedlicher Meinung:
Da muss man AUS sagen! Nein, da muss man PFUI sagen! Nein, das muss man ignorieren! Nein, da muss man NEIN sagen!
So ging das, in einer Tour. Und keiner von uns hat gemerkt, dass es überhaupt nicht auf das Wort, sondern auf die kurze, präzise Botschaft - sprich die Stimmung - angekommen wäre, die wir dir zu vermitteln hatten.
Ein Verbot ist ein Verbot – Basta!
Mit passendem Gesichtsausdruck und der entsprechenden Stimme, ohne schlechtes Gewissen. Aus dem Bauch heraus – ehrlich – authentisch!
So aber haben wir diskutiert und diskutiert und du hast zu guter Letzt gemacht, was du wolltest. Aus dem Grund, weil du die Sache von der Grundstimmung her überhaupt nicht verstehen konntest, es nicht als Verbot erkennen konntest und dann schnell selber entschieden hast."
„Ich bin davon ausgegangen, dass ihr euch nicht traut, dass ihr schwächer seid als ich." Benno überlegt einen Moment.

„Übrigens, wenn ihr ein Kommando wie SITZ oder PLATZ sagt, dann klingt das meist spontan aggressiv und trifft mich unvorbereitet negativ. Andererseits, wenn ihr mir etwas verbieten wollt, dann klingt das meist total nett: „Nein, Nahein. Hör doch auf." Wie soll man euch denn da bitte schön ernst nehmen oder wissen, wann ihr es tatsächlich ernst meint? So mache ich meist das, was für mich am besten ist. Wer zu letzt lacht...!" Benno wedelt.

„Wir haben dich zu sehr wie ein vollwertiges Familienmitglied behandelt und darüber ganz deine hündischen Sicht- und Verhaltensweisen vergessen. Wir sind alle super vernarrt in dich, wollen nur dein Bestes. Dabei haben wir es sehr oft verpasst, den Hund in dir zu sehen. Dir als Hund

auf deiner Ebene entgegenzukommen. Kein Wunder, dass du unausgelastet und gleichzeitig mit der Teamchefrolle überfordert bist. Eigentlich bist du so ein lieber Hund. Und wir haben einen richtigen Prinzen aus dir gemacht." Herr M. schüttelt ungläubig den Kopf. „Einen vorlauten, unverschämten, rücksichtslosen Macho, zumindest in manchen Situationen."
Benno steht auf und legt seinen Kopf auf die Knie von Herrn M. und schaut seinen Herrn an.
„Wie wäre es, wenn du in Zukunft mehr auf dein Bauchgefühl hörst, so wie ich?", flüstert Benno. Herr M. nickt langsam mit dem Kopf. Nachdenklich betrachtet er seinen Hund. „Mein Bauchgefühl sagt mir übrigens gerade, dass du vorhin nicht mit Judith spielen, sondern ihr klarmachen wolltest, wie du dich fühlst:
Dein Haus, deine Küche, deine Nahrung, deine Spielsachen, dein Sessel, dein Herrchen. Stimmts?"
„Ist doch auch so." Benno hat sich wieder abgelegt und leckt sich die Vorderpfoten.
„Du hast sie angeknurrt!"
„Ja, man muss schon zeigen, wie stark man sich fühlt."
„Du hast sie total angebettelt!"
„Nur so kommt man zu was. Hab' ich durch euch gelernt."
„Und du warst aggressiv!"
„Das gehört zum Beeindrucken doch dazu!"
„Das wird ja immer schöner!" Herr M. klingt sarkastisch.
„So geht es nicht weiter." Herr M. schüttelt den Kopf.
Benno zieht den Kopf ein und macht sich kleiner.
Uups.

Herr M. verlässt das Zimmer. Da er so schnell und entschlossen aufgestanden ist, springt Benno sofort auf und macht ihm den Weg frei.
Bitte schön, Boss.

Benno traut sich diesmal nicht ihm zu folgen, was er sonst immer tut. Sogar bis aufs WC. Frauchen hat ja auch nichts dagegen, obwohl sie manchmal etwas genervt klingt. Warum? Weiß er nicht. Ist ihm auch egal. Irgendwann ist sie wieder nett und kümmert sich um ihn. Man muss ihr nur lange genug auf den Fersen bleiben. Sie kann ihm ja nie lange böse sein. Wofür überhaupt?
Dieses Mal aber traut er sich nicht, seinen Menschen zu kontrollieren. Er hört genau, wohin sein Mensch gelaufen ist, da er die Räumlichkeiten am Geräusch des Fußbodens erkennen kann.
Er steht eine Weile ratlos mitten im Wohnzimmer und lauscht gespannt mit aufgestellten Ohren.
Aus dem Büro seines Herrchens hört er das Geklapper der PC Tastatur. Er legt sich wieder ab, den Kopf abwartend auf seine Pfoten gebettet. Herr M. kommt nach einer halben Ewigkeit, wie es Benno erscheint, aus seinem Arbeitszimmer zurück und schwenkt ein paar Seiten Papier in einer Hand.
„Nanu? Bist du beleidigt?"
„Ach was. Ich hab' bloß abgewartet", gibt Benno zur Antwort und hebt den Kopf, den Blick auf die Papiere gerichtet.

„So mein lieber Freund. Da ich der Meinung bin, und du wirst mir sicherlich zustimmen, dass wir unbedingt etwas an unserer Beziehung ändern müssen, habe ich mich mal im Internet schlau gemacht."
Herr M. ist, während er mit seinem Hund spricht, zu seinem Lieblingssessel gegangen, hat mit einer Hand die Hundedecke abgehoben und auf den Boden fallen lassen. Benno ist hinter ihm hergelaufen, stutzt und lässt sich sogleich auf der Decke nieder. Herr M. hat die neuen Blätter neben seine Notizzettel gelegt.

„Nachdem ich nun, dank deiner unerwarteten Gesprächsbereitschaft und Offenheit, weiß, dass wir einiges ändern müssen, möchte ich einen Neuanfang machen. Ich habe für Frauchen, mich und dich eine Trainerin herausgesucht, die uns helfen soll, in Zukunft besser mit einander kommunizieren zu können. So können wir unsere Fehler oder Schwächen erkennen und dir damit zu einem einfacheren Leben mit uns verhelfen." Benno hält den Kopf schräg und lauscht.

„Aber ich habe extra jemanden herausgesucht, der nicht nur die Symptome deines Fehlverhaltens und Ungehorsams abstellt, sondern gezielt jemanden, der über genug Fachwissen und Talent verfügt, um uns, also dein Frauchen und mich, über die wirklichen Ursachen aufzuklären, die zu deinem derzeitigen Verhalten geführt haben. Es wird jemand sein, der uns trainiert, auf was wir wann achten und wie wir in den vielen verschiedenen Situationen agieren oder reagieren müssen. Jemand, der uns über hündische Verhaltensweisen kompetent aufklärt. Der uns lehrt, zu denken wie ein Hund, um dich fair behandeln zu können und auch deine Artgenossen besser verstehen zu können. Und der uns dann mit Rat und Tat zur Seite steht.
Ich habe durch dich heute enorm viel verstanden. Aber ich glaube, dass wir Menschen Hilfe brauchen, um uns zu ändern. Alte, falsche Gewohnheiten müssen wir durch neues, besseres Verhalten überdecken. Dazu brauchen wir Unterstützung. Sonst sind wir wieder nur am Diskutieren. Ich habe vieles verstanden, was du mir erzählt hast. Aber ich glaube nicht, dass ich alles richtig umsetzen und dann auch noch deinem Frauchen richtig beibringen kann."
In diesem Moment klingelt das Telefon.

„Ja, bitte?" Herr M. ist an das Sideboard im Esszimmer gelaufen und hat den Hörer abgenommen.

„Ach du bist es Schatz." Er dreht sich zu Benno.
„Frauchen ist am Apparat."
Benno steht im Wohnzimmer und wedelt.
„Liebes, bist du noch böse wegen gestern?" Herr M. klingt sehr sanft. „Nein, oh, das ist aber schön. Es tut mir auch alles so leid. Wir hätten uns nicht streiten sollen. Ich war unfair. Nicht nur zu dir." Er lauscht auf die Worte seiner Frau am anderen Ende der Leitung. „Was wir gemacht haben, ich und Benno?" Er schaut wieder zu seinem Hund, zieht die Augenbrauen hoch und zwinkert ihm zu.
„Wir, äh, wir haben ein ernstes Männergespräch geführt."

Benno hört genau, wie sein Frauchen schallend lacht. „O.k., du musst mir nicht glauben. Aber jetzt mal ernst. Ich habe mir ganz viele Gedanken gemacht, über unseren Hund und uns. Und ich habe eine tolle Lösung für all unsere Probleme mit ihm gefunden. Mehr verrate ich dir nicht. Das wird eine tolle Überraschung." Herr M. grinst übers ganze Gesicht, während er seiner Frau zuhört. „Prima, dann sehen wir uns also morgen wieder. Hey Benno, Frauchen kommt morgen wieder."
Benno wedelt heftig und lacht über's ganze Gesicht.
„Also dann, Tschüß Schatz. Grüß' schön und fahr' vorsichtig. Bis morgen. Ja, ich dich auch!" Er lächelt, während er den Hörer wieder in die Basisstation steckt.
„So, mein Lieber, jetzt müssen wir uns mal an die Planung für unsere gemeinsame Lehrzeit machen."
Benno ist zu ihm gelaufen, schaut seinen Herrn an und lehnt sich an dessen Beine. Herr M. krault ihn am Ohr. Benno schweigt und genießt.

Mit der freien Hand kratzt Herr M. sich am Kopf.
„Und weil es ganz schön schwer ist, in der Flut von Angeboten jemanden herauszufiltern, der wirklich Kompetenz be-

sitzt, habe ich bei der Auswahl sehr auf die Qualifikationen und Referenzen der Anbieter geachtet. Stell dir vor Benno, es ist unglaublich, aber jeder, der will, kann sich Hundetrainer/in und Hundetrainerausbilder nennen. „Hundeflüsterer" soweit das Auge reicht. Da muss man als hilfesuchender Hundebesitzer schon sehr genau hinschauen."

Dann schüttelt er langsam den Kopf und lächelt seinen Hund etwas traurig an. Er geht vor Benno in die Hocke, krault ihn mit beiden Händen am Hals und schaut ihn an. Dann streicht er fest mit einer Hand über Bennos Stirn und Kopf. Der schließt genießerisch die Augen und legt die Ohren an.
Mmmmhhh. Das tut gut.

„Es tut mir leid, dass es so lange gedauert hat, bis ich verstanden habe, dass wir die Verantwortung übernehmen müssen. Das wir für die bessere Vorbilder und vor allem bessere Lehrer sein müssen. Ich danke dir für deine Offenheit und Ehrlichkeit."
Benno dreht den Kopf und leckt seinem Herrn die Hand ab. Dann gibt er ihm einen schnellen Stupps mit der Nase an die Wange.
„Ist schon in Ordnung, Boss. Gut, dass wir drüber geredet haben."
Er hofft, dass sein Mensch diesmal Wort halten wird.

Wie soll's weiter gehen?

„Und wie geht die Geschichte weiter?", fragt Willi, der neugierig den Blick auf mich gerichtet hat. „Wenn man das alles liest, was du aufgeschrieben hast, könnte dieser Mensch ohne fremde Hilfe schon vieles sofort verändern. Da hat er doch eigentlich eine genaue Anleitung. Hundeerziehung so liebevoll, wie möglich und so streng, wie nötig.
Wenn andere Menschen dies in die Hand bekommen, werden sie beim genauen Lesen sicherlich bemerken, wieviel sie auch für sich selbst daraus lernen können, oder? Prima."
Willi legt den Kopf etwas schief und schaut abwechselnd von mir zu Biene und zurück.
Und was wird nun aus Benno und seinen Leuten?"

„Ach Willi, du Dödel. Ist doch klar", murmelt Biene verschlafen von der Couch.
„Die Drei kommen zu unserem Frauchen und lassen sich von ihr helfen. Sie übersetzt, leitet an, erklärt und korrigiert. Bei jedem der Drei so, wie der es jeweils nötig hat. Und wir helfen ihr dabei. So wie jeden Tag.
Sie ist die Teamchefin und wir unterstützen sie bei der Arbeit mit den Hundemenschen."

Ich kraule Biene am Hals und knete ihr den Nacken. Sie streckt sich genießerisch auf der Couch aus.
„Klingt nicht schlecht", stimme ich ihr zu. „Du darfst dir dann auch raussuchen, ob und wann du mal wieder mitarbeiten möchtest." Ich mute ihr nur noch soviel Arbeit zu, wie sie von der Belastung her aushält. Denn wir haben gemerkt, dass die Arbeit sie fit hält. Nur neigt sie ab und zu dazu, sich zu übernehmen. Typisch Terrier eben.

„Es wird sicherlich anstrengend für alle Drei. Und es wird sicher nicht so schnell gehen, wie sie es sich erhoffen. Aber das ist auch so typisch für die meisten Menschen. Keine Geduld. Immer muss alles schnell, schnell gehen."
Biene steht auf, dreht sich einmal um die eigene Achse und lässt sich mit einem zufriedenen Schnaufer wieder fallen.
„Dabei ist es doch so: nicht alle Menschen oder auch Hunde lernen gleich schnell. Manche haben ein enormes Talent für das Klavier spielen oder für Sprachen. Bei Anderen dauert es eben länger bis es klappt. Da gibt es Erfolge und Misserfolge. Das ist eben so. Auch mit der Sprache der Hunde."

Ich nicke zustimmend, schmunzle und zwinkere ihr zu. Sie zwinkert mit einem Auge zurück. Ich kraule sie ausgiebig unter dem Kinn, massiere ihr dann den Nacken und sie schließt genießerisch ihre Augen.

Dann beuge ich mich zu Willi hinunter, schaue ihm freundlich in die Augen und kraule auch ihn am Kinn und an der Kehle. Er macht einen langen Hals und wedelt leicht. Plötzlich hebt er den Kopf, strahlt mich an und sagt:

„Ich hab' eine Idee! Für die Menschen und ihre Hunde, die trotz dieser Geschichte hier noch nicht alleine klar kommen, könnten wir ja als Hilfestellung noch ein Buch über Benno, seine Menschen und deren Training schreiben, oder?"

Ich lache ihn an und nicke. „Das wird wohl nötig sein. Denn ich glaube, dass Herr und Fr. M. das gleiche große Problem mit ihrem Hund haben, wie viele andere Hundebesitzer auch. Sie unterschätzen Hunde maßlos."

Willi – ein toller Kerl.

Mein besonderer Dank geht an:

meinen besten Kritiker und Ehemann Günther für seine vielseitige Unterstützung und seinen unerschütterlichen Glauben an meine Fähigkeiten. Ohne ihn wäre vieles nicht machbar und möglich gewesen.

Danke an unsere Airedale Terrier Hündinnen Nadja (die Introvertierte) und Cindy (die Lustige), die wir so sehr geliebt und in steter Erinnerung haben.
Danke an meine Welsh Terrier Hündin Biene (die Souveräne), die leider verstarb, noch bevor ich dieses Buch fertig geschrieben hatte. Sie war eine beeindruckende Persönlichkeit. Ein ganz besonderer, kluger Hund mit großer emotionaler Intelligenz. Durch dieses Buch lebt sie weiter.

Diese Drei und unser Airedale Terrier Rüde Willi (der Charmeur) haben mir geduldig und stur die richtigen Wege im Umgang mit der Gattung Hund und besonders der Rasse Terrier gezeigt.

Danke an alle Freunde, die wir durch die Hundeschule zunächst als Kunden kennen lernen durften. Die mir durch ihre Lernbereitschaft die Arbeit erleichtert haben, und die mit ihren Hunden durch unsere gemeinsame Arbeit super zusammengewachsen sind, allen voran Dagmar, Andy und Sam.

Danke an meine Lektorin, meine Schwester Karin Maliske, die sich trotz vollstem Terminkalender die Zeit genommen hat, für mich und das Buch da zu sein.

Und DANKE an tausende Hunde, die ich auf Grund der Entscheidung ihrer Besitzer zu mir zukommen, in den vielen Jahren meiner Tätigkeit als Tierpsychologin und Verhaltensberaterin kennen lernen, trainieren und übersetzen durfte. Von ihnen habe ich, trotz aller Fortbildungsmaßnahmen, doch immer wieder am meisten gelernt. Ihnen sind Modetrends und küchenpsychologische Interpretationen völlig schnuppe.
Sie sind, was sie sind – faszinierende, hochsoziale Tiere.